UTE LIGGES

KÜRBIS REZEPTE

Neues aus der Hofküche

*Plus:
Die 72 beliebtesten
Kürbissorten
im Überblick*

Heute ist ein guter Tag für Kürbis!

VIELSEITIG – GESUND – KÖSTLICH!

V.l.n.r.: Wiebke, Julius und Henrik, Ute und Volker Ligges.

Pünktlich zur neuen Kürbiszeit erscheint unser drittes Buch mit köstlichen Kürbisrezepten. Allesamt haben sie meine Partner und Partnerinnen aus der regionalen Profi-Küche auf unserem Kürbishof (hof-ligges.de) kreiert. Mit über 200 verschiedenen Sorten in ökologischer Bewirtschaftung nach den Bioland-Richtlinien bieten wir den Kürbis jedes Jahr wieder in einer ungeheuren geschmacklichen Vielfalt an.

Die Riesenbeere bedient alle Sparten der Küche von süß bis sauer und von fruchtig-frisch bis cremig-elegant. Somit lässt sich nicht nur Herzhaftes mit dem Tausendsassa kochen. Neben Suppen, Gebratenem, Brot oder Dips ist er auch Bestandteil bei feinen Pralinen, köstlichem Kuchen, Torten oder Desserts. Damit lassen sich auch Süßspeisen ohne Reue genießen!

Die Angaben bei den Rezepten geben Hinweise, welche Kürbissorten sich für die Gerichte am besten eignen. Dennoch könnt Ihr jedes Gericht auch mit den Kürbissen kochen, die Ihr gerade zur Hand habt. In jedem Fall erhalten Eure Speisen durch die Kürbiskomponente eine saftig-fruchtige wie gleichermaßen gesunde Note. Damit eröffnet der Kürbis ganz neue Zugänge zu einer verführerischen, gesunden Ernährung. Und sein Formen- und Farbreichtum bietet darüber hinaus auch noch so manchen Augenschmaus. Viele der hier zusammengetragenen Gerichte sind von vornherein für Vegetarier geeignet. Mit den entsprechenden Ersatzprodukten lassen sie sich zudem leicht auch für Veganer anpassen.

Lasst Euch von unseren neuen und erprobten Rezepten begeistern.
Ich wünsche allen Kürbis-Fans viele neue genüssliche Entdeckungen!

Herzlichst Eure Ute Ligges mit Familie und Team

Zum Titelbild: Das Rezept für dieses Gericht findet Ihr auf Seite 52/53.

Dips

Brot, Brötchen

Schwierigkeitsgrade

sehr leicht, ohne Vorkenntnisse nachzukochen

leicht nachzukochen

macht sich leichter als gedacht

etwas aufwändiger

anspruchsvoll

Zeichenerklärung

EL = Esslöffel
TL = Teelöffel
°C = Grad Celsius
g = Gramm
kg = Kilogramm
Msp. = Messerspitze
Pck. = Päckchen
l = Liter
ml = Milliliter

Gradangaben
Beziehen sich immer auf Ober- und Unterhitze, außer es ist im Rezept anders angegeben.

Vegane Variante

kennzeichnet vegane Rezepte bzw. vegane Alternativen

Salate

Suppen

Hauptgerichte

Desserts

Kuchen, Gebäck

Marmeladen

Service

KÜRBIS-HUMMUS MIT FALAFFEL

GEEIGNETE SORTEN

- 'Delica' (ungeschält)
- 'Hokkaido' (ungeschält)
- 'Sombra'

ZUTATEN

Für ca. 500 g Hummus

Für das Hummus
250 g Kürbisfleisch
265 g Kichererbsen
50 – 100 ml Kichererbsenwasser
2 Knoblauchzehen
50 g Tahin
2 EL Olivenöl
1 EL Zitronensaft
1 TL Paprikagewürz, edelsüß
1 Msp. Cayennepfeffer
1 Prise Salz

Für die Falaffel
1 kg Kürbisfleisch
10 g Knoblauch
20 g Korianderpulver
10 g Cuminpulver
10 g Salz
2 g schwarzen Pfeffer
3 TL Zitronensaft
ca. 40 ml Pflanzenöl

Außerdem
· gehackte Kräuter
· Backblech
· Backpapier

ZUBEREITUNG

Das Kürbisfleisch vom gewaschenen und vom Inneren befreiten Kürbis mitsamt der Schale (beim 'Hokkaido' kann diese mit verzehrt werden) in Achtelspalten schneiden.

Zwei Drittel der Menge mit der Schnittkante nach unten für 25 bis 30 Minuten (200 °C) auf einem mit Backpapier ausgelegten Backblech backen, bis das Fleisch weich ist.

Für das Hummus Kirchererbsen abgießen, dabei das Kichererbsenwasser auffangen. Das weich gebackene Kürbisfleisch sowie das restliche Drittel vom noch rohen Kürbisfleisch mit den übrigen Zutaten im Mixer zu Hummus pürieren, dabei das Kichererbsenwasser als Flüssigkeit je nach Bedarf hinzufügen. Es soll eine cremige aber nicht zu flüssige Masse ergeben.

Zum Servieren nach Wunsch mit etwas Paprikapulver und Olivenöl oder gehackten Kräutern anrichten.

Für die Falaffel das im Ofen weich gekochte Kürbisfleisch zusammen mit dem gehackten Knoblauch und den Gewürzen gut vermischen. Die Masse mit einen Eisportionierer auf ein mit Backpapier ausgelegtes Backblech geben, mit dem Pflanzenöl betupfen und im vorgeheizten Ofen bei 200 °C Umluft bräunen.

Die gebackenen Falaffel zusammen mit dem Hummus auf einem Teller servieren.

ROTER KÜRBIS-AUFSTRICH

GEEIGNETE SORTEN

- ✔ 'Butternut'
- ✔ 'Hokkaido' (ungeschält)

ZUTATEN

Für 10 Portionen

1 Schalotte
120 g Butter
250 g Kürbisfleisch
1 Möhre
120 g Tomatenmark
1 TL Thymian, getrocknet
1 TL Oregano, getrocknet
1 TL Salz
1 Prise Zucker

Außerdem
· Thermomix®

Vegane Variante
Die Butter kann gegen eine vegane Alternative ausgetauscht werden. Dieser Dip passt auch vorzüglich zu Nudeln.

ZUBEREITUNG

Den Kürbis schälen (außer Sorte 'Hokkaido') und Kerne entfernen, das Kürbisfleisch klein schneiden. Die Möhre ebenfalls schälen und klein schneiden. Die Schalotte in den Mixtopf geben, 3 Sekunden/Stufe 5 zerkleinern und mit dem Spatel nach unten schieben.

Butter zugeben und 1 Minute 30 Sekunden/120 °C/Stufe 1 dünsten. Kürbisfleisch und Möhrenstücke hinzufügen, 5 Sekunden/Stufe 5 zerkleinern und mit dem Spatel nach unten schieben.

Dann Butter, Tomatenmark, Thymian, Oregano, Salz und Zucker zufügen und 6 Minuten/90 °C/Stufe 2 dünsten, anschließend 10 Sekunden/Stufe 10 pürieren. Diese Creme kann warm oder kalt als Brotaufstrich oder auch als Dip serviert werden.

SÜSSER CURRY-DIP

GEEIGNETE SORTEN

- ✓ 'Butternut'
- ✓ 'Hokkaido' (ungeschält)

ZUTATEN

Für 12 Portionen

150 g Datteln
1 Knoblauchzehe
300 g cremiger Frischkäse
200 g Schmand
2 gehäufte TL Garam Masala-Curry (ind. Gewürzmischung)
½ TL Salz
3 Prisen Cayennepfeffer

Außerdem

· Thermomix®

Vegane Variante
Anstelle von Schmand wird 500 g cremiger veganer Frischkäse genommen oder 400 g cremiger veganer Frischkäse und 100 g veganer Schmand.

ZUBEREITUNG

Datteln entsteinen, Knoblauch schälen, dann beides in den Mixtopf geben, 6 bis 8 Sekunden/Stufe 9 zerkleinern und mit dem Spatel nach unten schieben.

Frischkäse, Schmand, Curry, Salz und Cayennepfeffer zugeben, 10 Sekunden/Stufe 3 verrühren, abschmecken, umfüllen und z. B. zu Brot oder Gemüse-Sticks servieren.

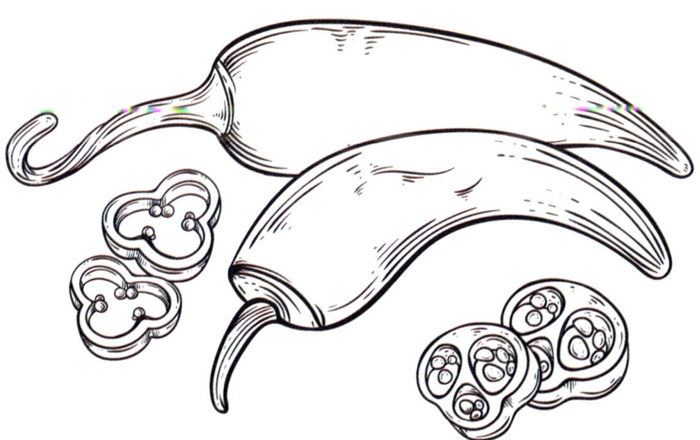

TIPP: *Für ein intensiveres Geschmackserlebnis Chili nach Belieben hinzufügen und das Masala-Curry direkt mit den Datteln vermengen. Wer es nicht zu currylastig mag, nimmt normales Currypulver.*

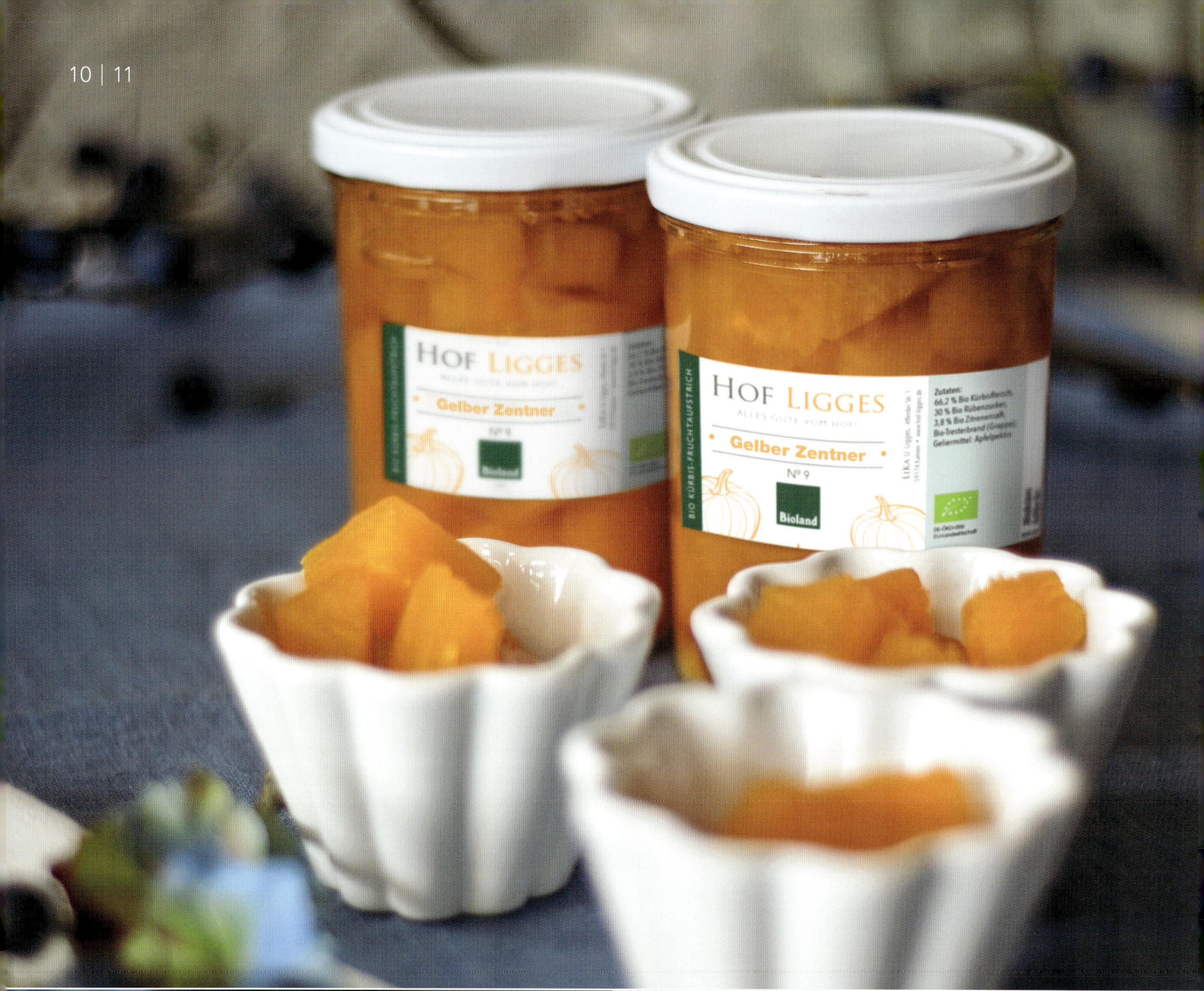

KÜRBIS SÜSS-SAUER EINGELEGT

GEEIGNETE SORTEN

- 'Gelber Zentner'
- 'Pink Jumbo Banana'
- 'Rouge Vif d'Etampes'

ZUTATEN

Für 37 Twist-off-Gläser à 250 ml

10 kg Kürbisfleisch
3 l Weißwein- oder Apfelweinessig
4 EL Kräuterhonig
3 l Wasser
3 kg Zucker
6 EL Zitronensaft
500 g Ingwer

Außerdem

· 37 Twist-off-Gläser à 250 ml Fassungsvermögen

Vegane Variante
Der Honig kann auch gegen Agavendicksaft oder Rohrzucker ausgetauscht werden.

ZUBEREITUNG

Den Kürbis schälen, entkernen und das Kürbisfleisch in 2 cm große Würfel schneiden. Alles in einen großen Topf geben, mit Wasser, Wein oder Essig übergießen und 12 Stunden stehenlassen.

Dann die Kürbisstücke mit einer Schaumkelle herausnehmen, den Sud aufkochen lassen, Zucker, Zitronensaft, Honig und den in kleine Stücke geschnittenen Ingwer hinzugeben.

Nun jeweils 5 bis 6 Schaumlöffel voller Kürbisstücke in den Sud geben und 6 bis 7 Minuten glasig kochen. Kürbisstücke herausnehmen und die bereit gestellten, sauberen Gläser füllen, heißen Sud aufgießen. Die Deckel dann sofort verschließen und die Gläser kopfüber auf dem Deckel stehend abkühlen lassen.

TIPP: *Die süß-sauer eingelegten Kürbisse schmecken gut zu Bratkartoffeln, Spiegeleiern oder anderen deftigen Gerichten. Sie halten bei kühler Lagerung gut ein halbes Jahr.*

Kürbis-
Mango-
Chutney

KÜRBIS-MANGO-CHUTNEY

GEEIGNETE SORTEN

- 'Futsu Black Rinded'
- 'Sucrine du Berry'

und fruchtige Kürbissorten

ZUTATEN

Für 800 ml Chutney

450 g Kürbisfleisch
450 g Mango
(tiefgefroren oder frisch)
2 – 3 rote Zwiebeln
100 g Rohrzucker
3 Knoblauchzehen
1 TL Ras el-Hanout
100 ml Balsamicoessig
2 Prisen Chiliflocken
1 daumengroßes Stück Ingwer
3 Lorbeerblätter
10 EL Wasser
Salz
2 EL Olivenöl

Außerdem

· Twist-off-Gläser

ZUBEREITUNG

Den Kürbis säubern, halbieren, entkernen, ggf. schälen und in Würfel schneiden.

Die Mango, Zwiebeln, Knoblauchzehen, Ingwer schälen und fein würfeln bzw. hacken. Dann in einer großen Pfanne mit hohem Rand das Olivenöl erhitzen, die Zwiebelwürfel leicht andünsten, den Zucker dazugeben und leicht schmelzen lassen.

Nun Knoblauch, Ras el-Hanout, Chiliflocken, Salz und Ingwer dazugeben, alles gut verrühren und nach ca. 1 bis 2 Minuten bei mittlerer Hitze mit Wasser und Balsamicoessig ablöschen.

Die Kürbis- und Mango-Würfel sowie die Lorbeerblätter hinzugeben und bei geschlossenem Deckel 30 Minuten köcheln lassen. Danach den Deckel abnehmen und alles ca. 30 bis 40 Minuten weiter köcheln lassen, dabei immer wieder umrühren und ggf. ein wenig Wasser dazugeben.

Wenn sich nach Ablauf der Zeit der Kürbis und die Mango leicht zerdrücken lassen, die Lorbeerblätter entfernen und die Masse mit einem Kartoffelstampfer zu einer geschmeidigen Masse zerstampfen. Dabei darauf achten, dass die Masse noch leicht stückig bleibt.

Anschließend heiß in die Twist-off-Gläser füllen.

TIPP: *Das Kürbis-Mango-Chutney ist mehrere Wochen und Monate haltbar. Es passt ideal zu Wraps, Salaten, Käse oder auch als Topping für Fleisch, als Aufstrich für Brot oder vermischt mit Frischkäse als leckerer Dip.*

KÜRBISBROT

GEEIGNETE SORTEN

- 'Buttercup' (ungeschält)
- 'Delica' (ungeschält)
- 'Hokkaido' (ungeschält)

ZUTATEN

Für zwei Brote von je ca. 600 g

Für den Teig
500 g Roggenmehl Typ 1150
250 g Weizenmehl Typ 1050
250 g Weizenmehl Typ 550
200 g Kürbisfleisch
100 g Natursauerteig
20 g Salz
20 g Hefe
600 ml Wasser

Für die Kruste
ca. 100 g Bio-Kürbiskerne

Außerdem
· Gärkorb
· Backblech

ZUBEREITUNG

Das Kürbisfleisch raspeln. Mehl, Wasser, Sauerteig, Salz und Hefe verkneten, bis sich der Teig gut dehnen lässt. Anschließend die Kürbisraspeln unterkneten.

Teig für 10 Minuten abgedeckt ruhen lassen. Danach den Teig in zwei Hälften teilen, diese rundlich formen und mit einer Hälfte in die Kürbiskerne drücken. In einen Gärkorb legen und ca. 1,5 Stunden bei Raumtemperatur aufgehen lassen.

Ofen auf 230 °C vorheizen, die beiden Brote hineingeben und dann sofort die Temperatur auf 185 °C herunterregeln und ca. 40 Minuten ausbacken. Danach gut auskühlen lassen.

KÜRBISSTULLE

GEEIGNETE SORTEN

- 'Bon Bon'
- 'Delica' (ungeschält)
- 'Hokkaido' (ungeschält)
- 'Justynka'
- 'Rarity'

ZUTATEN

Für 1 Kasten-Backform (12 x 30 cm)

700 g Wasser
600 g Kürbisfleisch
50 g Kürbiskerne
20 g (½ Würfel) Frischhefe
450 g Mehl
50 g Maismehl
2 TL Salz
12 g Öl

Außerdem

· Thermomix®
· Backblech
· Backpapier
· Wasser zum Bestreichen
· Mehl für Arbeitsfläche
· Kasten-Backform

ZUBEREITUNG

Kürbis schälen, halbieren und mit einem Löffel die Kerne herausschaben. Fruchtfleisch in ca. 1,5 cm große Würfel schneiden. Wasser in den Mixtopf geben, Varoma-Behälter aufsetzen, Kürbisfleisch einwiegen, Varoma verschließen und 15 Minuten/Varoma/Stufe 2 garen. Varoma absetzen und Mixtopf leeren.

Gegarten Kürbis in den Mixtopf geben, 10 Sekunden/Stufe 4 zerkleinern, auf einen Teller geben und im Kühlschrank 30 Minuten abkühlen lassen.

Zerkleinerten Kürbis, Kürbiskerne, Hefe, Mehl, Maismehl, Salz und Öl in den Mixtopf geben, Teig 3 Minuten kneten, umfüllen und Teig abgedeckt 40 Minuten gehen lassen. Am Ende dieser Zeit Backofen auf 180 °C vorheizen und ein Backblech mit Backpapier belegen.

Teig auf einer bemehlten Arbeitsfläche nochmal kurz kneten, einen Laib formen und auf das vorbereitete Backblech setzen oder in eine Kastenform füllen. Brotlaib mit etwas Wasser bestreichen, nochmals 15 Minuten gehen lassen und 40 Minuten backen. Brot komplett abkühlen lassen.

TIPP: *Gibt man 1 bis 2 EL Crème fraîche oder Schmand mit in den Teig wird dieser noch saftiger.*

KÜRBISBROT
MIT KÜRBISKERNEN

GEEIGNETE SORTEN

- ✓ 'Buttercup'
- ✓ 'Delica' (ungeschält)
- ✓ 'Hokkaido' (ungeschält)

ZUTATEN

Für 1 Kastenbrot (30 cm Länge)

200 g Dinkelvollkornmehl
300 g Dinkelmehl Typ 1050
250 g Kürbisfleisch
1/2 Würfel Hefe
1 TL Salz
1/2 TL Zucker
1 TL Trockensauerteig
2 – 3 TL Kürbiskerne
2 – 3 TL Sonnenblumenkerne
250 ml Wasser

Außerdem
· Kastenform
· Öl zum Einfetten der Form

ZUBEREITUNG

Den Kürbis schälen (außer bei 'Delica' und 'Hokkaido'), entkernen und das Kürbisfleisch raspeln. Dann lauwarmes Wasser mit der Hefe, dem Trockensauerteig und Zucker anrühren und 20 Minuten gehen lassen.

Zunächst Dinkelvollkornmehl zugeben, dann das geraspelte Kürbisfleisch sowie die Kerne dazugeben. Zum Schluss das restliche Dinkelmehl und alles zu einem elastischen Teig verkneten. Den Teig in eine gefettete Kastenform füllen und mittig längs einschneiden. An einem warmen Ort ca. 30 Minuten gehen lassen.

Bei 190 °C ca. 45 Minuten im vorgeheizten Ofen backen.

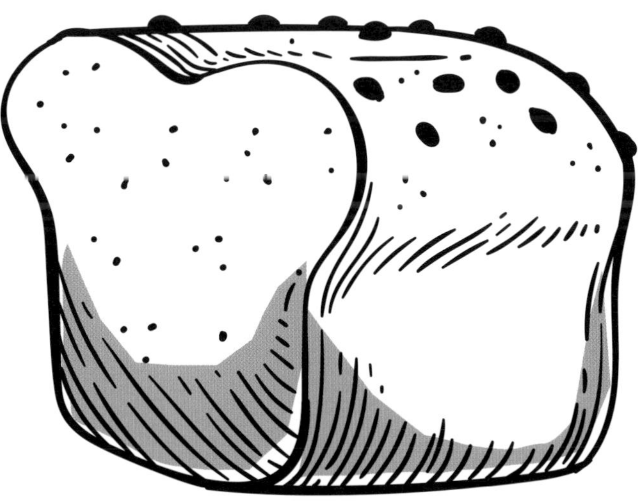

TIPP: *Es können zu den Kürbis- und Sonnenblumenkernen auch andere alternativ oder ergänzend hinzukommen, wie Sesamsamen oder Leinsamen.*

HEFE-KÜRBIS-BUNS

GEEIGNETE SORTEN

- 'Bon Bon'
- 'Butternut'
- 'Delica' (ungeschält)
- 'Hokkaido' (ungeschält)

ZUTATEN

Für 12 Buns

Für das Kürbispüree
1 kleiner Kürbis

Für den Hefeteig
225 ml Milch
60 g weiche Butter
500 – 550 g Mehl
2 Pck. Trockenhefe
125 g Zucker
1/4 TL Zimt
1/4 TL Salz
1 Ei Größe M
75 g backstabile Schokotropfen

Außerdem
· Backblech
· Backpapier
· 1 TL Butter zum Fetten der Form
· 2 EL geschmolzene Butter
· Puderzucker zum Bestreuen

Vegane Variante
Für die vegane Alternative die entsprechenden Ersatzprodukte für Butter und Eier verwenden.

ZUBEREITUNG

Für das Kürbispüree ein Backblech mit Backpapier versehen. Den Kürbis ungeschält vierteln und entkernen, dann aufs Backblech geben und auf mittlerer Einschubleiste ca. 35 bis 40 Minuten lang garen.

Das Kürbisfleisch von der Haut kratzen und pürieren. Für das Kürbisbrötchen werden nur 175 g Kürbispüree benötigt. Abgewogenes Kürbispüree lauwarm abkühlen lassen.
Milch und Butter in einem kleinen Topf auf dem Kochfeld bei geringer Hitze langsam erwärmen. Das Mehl samt Hefe, Zucker und Zimt in eine Rührschüssel geben. Lauwarme Milchmixtur, Ei sowie Kürbispüree zu diesen Zutaten geben und mit dem Knethaken der Küchenmaschine ein paar Minuten lang bei geringer Geschwindigkeit verkneten.
Ist der Teig noch zu klebrig, gerne nach und nach mehr Mehl dazugeben. Je nach Feuchtigkeit des Kürbisses kann die benötigte Mehlmenge variieren. Ca. 10 Minuten lang weiter kneten, bis der Teig schön elastisch und geschmeidig ist.
Diesen dann als Kugel in eine saubere Rührschüssel geben, mit Frischhaltefolie und Geschirrtuch dicht abdecken und an einem warmen, zugfreien Ort ca. 60 bis 75 Minuten lang gehen lassen. Er sollte sich deutlich vergrößert haben.
Ist der Teig schön aufgegangen, die Schokotropfen sachte einkneten, bis sie gut verteilt sind.

Auflauf- oder Backform einfetten, dann 12 gleich große Teigstücke entnehmen, zu Brötchen formen und mit etwas Abstand zueinander hierin platzieren. Noch mal mit einem Geschirrtuch abdecken und erneut 30 Minuten lang gehen lassen. Unterdessen den Backofen auf 180 °C Ober- und Unterhitze vorheizen.

Aufgegangene Kürbisbrötchen mit der geschmolzenen Butter bepinseln und auf mittlerer Position im Ofen ca. 25 bis 30 Minuten lang backen. Die Brötchen mit Puderzucker bestreut servieren.

SALAT VOM SPAGHETTI-KÜRBIS

GEEIGNETE SORTEN

✔ alle Spaghetti-Kürbissorten

ZUTATEN

Für 4 Portionen

1 Kürbis
150 g Rucola
12 Kirschtomaten
2 – 3 EL Olivenöl
Salz, Pfeffer

Außerdem

· Backblech
· Backpapier
· Kürbiskerne zur Dekoration
· etwas Kürbiskernöl

ZUBEREITUNG

Den Kürbis schälen, der Länge nach halbieren, entkernen.

Auf der Schnittfläche die Gewürze aufstreuen, mit etwas Öl bestreichen und im Backofen bei 170 °C je nach Größe ca. 30 bis 45 Minuten garen.

Herausnehmen, auskühlen lassen, mit einer Gabel die Fasern aus dem Kürbis kratzen, diese zusammen mit den halbierten Kirschtomaten mit Essig, Öl, Pfeffer und Salz pikant würzen.

Rucola waschen, trockenschleudern, auf den Tellern arrangieren und das angemachte Kürbisfleisch darauf geben. Zum Schluss mit Kürbiskernen und etwas Kürbiskernöl beträufeln.

KÜRBIS-ROHKOST-SALAT

GEEIGNETE SORTEN

- ✔ 'Longue de Nice'
- ✔ 'Miss Sophie Pink'
- ✔ 'Sucrine du Berry'

ZUTATEN

Für 6 Portionen

300 g Kürbisfleisch
100 g Möhren
1 Bund Radieschen
1 Apfel
30 g Olivenöl
10 g Apfelessig
15 g mittelscharfer Senf
15 g Honig
1/2 TL Kräutersalz
2 Prisen Pfeffer

Außerdem

· Thermomix®
· Schafskäse
· Kresse

Vegane Variante
Anstelle von Honig mit Agavendicksaft süßen.

ZUBEREITUNG

Den Kürbis schälen, entkernen und in Stücke schneiden. Ebenso Möhren klein schneiden.

Radieschen putzen, Apfel entkernen und vierteln.

Dann Kürbiswürfel, Möhren, Radieschen, Apfel, Olivenöl, Apfelessig, Senf, Honig, Kräutersalz und Pfeffer in den Mixtopf geben, 4 bis 7 Sekunden/Stufe 5 zerkleinern, dann in eine Schüssel umfüllen.

Salat ca. 10 Minuten ziehen lassen, ggf. mit Salz und Pfeffer abschmecken.

BLATTSALAT
MIT KÜRBIS-KARTOFFEL-DRESSING

GEEIGNETE SORTEN

- 'Delica' (ungeschält)
- 'Hokkaido' (ungeschält)
- 'Sucrine de Berry'

ZUTATEN

Für 6 Portionen

Für das Dressing
1 mehlig kochende Kartoffel
100 g Kürbisfleisch
6 EL Kürbiskernöl
3 EL Balsamico
1 TL süßen Senf
2 EL Sahne
1 TL Zucker
Salz, Pfeffer
Blattsalatmischung

Für den Salat
1 Handvoll gemischte Kräuter
100 g Kürbisfleisch

Vegane Variante
Die Sahne einfach durch Sojamilch ersetzen.

ZUBEREITUNG

Kartoffeln mit dem Kürbisfleisch garen, dann pürieren. Kräuter fein hacken. Die restlichen Zutaten gut verrühren, sodass eine dickliche Vinaigrette entsteht, dann pürierte Kartoffel, Kürbis und Kräuter untermengen und abschmecken.

Salat zupfen, waschen, vermischen, auf einen Teller geben. Kürbisfleisch drüber raspeln und die Vinaigrette hinzufügen.

KRAUTSALAT MIT KÜRBIS

GEEIGNETE SORTEN

- 'Hokkaido' (ungeschält)
- 'Tetsukabuto' (ungeschält)

ZUTATEN

Für 10 Portionen

2 kg Kürbisfleisch
1 kg Spitzkohl
300 g Honig
50 g Salz
10 g Pfeffer
300 ml Pflanzenöl

Vegane Variante
Statt mit Honig zu süßen, kann auch Agavendicksaft genutzt werden.

ZUBEREITUNG

Den Kürbis schälen (außer Sorte 'Hokkaido' und 'Tetsukabuto') und Kerne entfernen, das Kürbisfleisch in dünne Streifen raspeln.

Ebenso den Spitzkohl in dünne Streifen schneiden.

Dann beides zusammenmengen.

Aus Honig, Salz, Pfeffer und Pflanzenöl eine Soße rühren, diese über den Salat geben und alles gut durchmassieren.

Vor dem Servieren das Ganze ca. 30 Minuten durchziehen lassen.

TIPP: *Besonders attraktiv ist dieser Salat, wenn zwei verschiedenfarbige Kürbissorten zum Einsatz kommen, die beide samt Schale verzehrt werden können. Insofern sind 'Hokkaido' (orangene Schale) und 'Tetsukabuto' (dunkelgrün-schwarze Schale) ideal.*

KÜRBISSUPPE
MIT KAROTTEN

GEEIGNETE SORTEN

- 'Hokkaido' (ungeschält)
- 'Pink Jumbo Banana'
- 'Moranga Coroa' u. ä.

ZUTATEN

Für 4 bis 6 Portionen

2 kg Kürbisfleisch
600 g Karotten
1 Gemüsezwiebel
35 g Ingwer
1/4 Stange Lauch
1 Stück Chilischote
75 g Sellerie
1/2 Sternanis
1 Lorbeerblatt
100 g Butter
Salz, Pfeffer, Muskatnusspulver
ggf. 1 Prise Zucker
250 ml Weißwein
2 l Gemüsebrühe
250 ml Orangensaft
Saft einer halben Zitrone
500 ml Kochsahne

Für das Topping
Kürbiskerne
Kresse
Kürbiskernöl

Vegane Variante
Die Kochsahne hälftig durch pürierten Seidentofu und Kokosmilch ersetzen, die Butter durch Pflanzenmargarine.

ZUBEREITUNG

Den Kürbis schälen (die Sorte 'Hokkaido' muss nicht geschält werden), entkernen und das Kürbisfleisch grob würfeln. Die Karotten schälen und in Scheiben schneiden, die Gemüsezwiebel fein hacken, den Lauch waschen und in Ringe schneiden, den Ingwer schälen und fein würfeln. Die Chilischote entkernen und fein hacken, die Sellerieknolle schälen und fein würfeln. Dann in einem großen Suppentopf die Butter schmelzen, Zwiebeln, Ingwer und Chilischote anschwitzen, bis sie glasig sind.

Das gewürfelte Kürbisfleisch, Karotten, Lauch und Sellerie hinzufügen. Alles etwa für etwa 10 Minuten unter gelegentlichem Rühren leicht anbraten. Weißwein hinzufügen und weitere Minuten köcheln lassen, bis sich der Alkohol größtenteils verflüchtigt hat. Gemüsebrühe, Orangensaft, Zitronensaft, Sternanis und Lorbeerblatt hinzugeben. Die Suppe mit Salz, Pfeffer, Muskatnusspulver und ggf. mit Zucker nach Geschmack würzen.

Die Suppe bei mittlerer Hitze für etwa 30 Minuten köcheln lassen, bis das Gemüse weich ist.

Den Sternanis und das Lorbeerblatt entfernen, dann die Suppe mit einem Stabmixer oder in einer Küchenmaschine pürieren, bis sie glatt ist. Kochsahne einrühren, ggf. nochmal abschmecken und nach Bedarf nachwürzen. Die Kürbissuppe nochmal leicht erwärmen ohne dass sie kocht, dann servieren.

KÜRBISSUPPE
MIT HUHN

GEEIGNETE SORTEN

- ✔ 'Blue Heaven'
- ✔ 'Jarrahdale'
- ✔ 'Pink Jumbo Banana'

ZUTATEN

Für 6 Portionen

Für die Hühner-Grundsuppe
1 Bio-Huhn
2 Zwiebeln
2 Möhren
1 Spalte Sellerieknolle
1 Stange Lauch
1 Bund Petersilie
4 Pfefferkörner
1 Lorbeerblatt
etwas Wasser
Salz, Pfeffer

Für die Kürbissuppe
1,5 kg Kürbisfleisch
½ TL Kurkumapulver
250 g Sahne (nach Belieben)
Salz, Pfeffer

Außerdem
· Kürbis- oder Zucchiniblüten
· Streifen von Kürbisfleisch

ZUBEREITUNG

Für die Hühner-Grundsuppe das Huhn unter fließendem, kaltem Wasser abwaschen und in einen ausreichend großen Topf geben.

Das Gemüse waschen, putzen, grob zerkleinern und mit den Gewürzen und der Petersilie in den Topf geben. Kaltes Wasser angießen, bis alles ausreichend bedeckt ist. Den Topf auf den Herd setzen, Deckel auflegen und alles zum Kochen bringen.

Dann ca. 40 Minuten leicht köcheln lassen.

Wenn sich die Hühnerschenkelknochen leicht aus dem Fleisch drehen lassen, ist die Suppe fertig.

Nun das Huhn aus dem Topf nehmen, das Fleisch von den Knochen lösen und in mundgerechte Stücke zerkleinern, um es später wieder der Suppe zuzugeben.

Für die Kürbissuppe den Kürbis schälen, entkernen und würfeln. Das Kürbisfleisch zusammen mit dem Kurkumapulver zur Suppe geben und mit Wasser auffüllen, bis das Ganze 5 cm hoch bedeckt ist.

Anschließend zum Kochen bringen und ca. 20 Minuten köcheln lassen.

Schließlich die Suppe passieren, optional die Sahne und das Fleisch hinzufügen und mit Salz und Pfeffer abschmecken.

TIPP: *Die Suppe mit einer Kürbis- oder Zucchini-Blüte toppen sowie etwas Kürbisfleisch in ganz dünne Streifen schneiden und diese dazugeben.*

KÜRBIS-RAHMSUPPE

GEEIGNETE SORTEN

- 'Crioula Pataka'
- 'Hokkaido' (ungeschält)
- 'Pink Jumbo Banana'
- 'Moranga Coroa' u. ä.

ZUTATEN

Für 6 Portionen

20 g Ingwer
1 Zwiebel
1 1/2 TL Kreuzkümmelpulver
2 TL Paprikapulver edelsüß
ca. 1 TL Kurkumapulver
30 g Butter
600 g Kürbisfleisch
700 g Wasser
30 g Tomatenmark
1 1/2 TL Gewürzpaste für Gemüsebrühe
1/2 TL Salz
1/2 TL Pfeffer
200 g Sahne oder Kokosnussmilch

Für das Topping
Kürbiskerne
Kresse
Kürbiskernöl

Außerdem
· Thermomix®

Vegane Variante
Die Butter durch Pflanzenmargarine ersetzen und statt Sahne die Kokosnussmilch-Variante nehmen.

ZUBEREITUNG

Den Ingwer schälen und in dünne Scheiben schneiden, die Zwiebel häuten und vierteln. Den Kürbis schälen (die Sorte 'Hokkaido' muss nicht geschält werden), entkernen und das Kürbisfleisch in kleine Stücke schneiden. Dann Ingwer und Zwiebeln in den Mixtopf geben, 4 Sekunden/Stufe 8 zerkleinern und mit dem Spatel nach unten schieben.

Kreuzkümmel-, Paprika-, Kurkumapulver und Butter zugeben und 3 Minuten/120 °C/Stufe 1 dünsten.

Das Kürbisfleisch hinzufügen und 5 Sekunden/Stufe 5 zerkleinern.

Wasser, Tomatenmark, Gewürzpaste, Salz und Pfeffer dazugeben und 18 Minuten/100 °C/Stufe 1 garen.

Sahne oder Kokosnussmilch hinzufügen und 20 Sekunden/Stufe 5 bis 8 schrittweise ansteigend pürieren. Nun die Kürbissuppe abschmecken, in Suppenteller füllen, mit Kresse und Kürbiskernen bestreuen, etwas Kürbiskernöl drüber träufeln und servieren.

TIPP: *Wer mag, kann der Suppe 1 TL Currypulver hinzufügen.*

KÜRBISSUPPE
MIT ORANGEN

GEEIGNETE SORTEN

- 'Fairytale'
- 'Sucrine du Berry'

und alle Muskatkürbisse

ZUTATEN

Für 4 Portionen

500 g Kürbisfleisch
2 Zwiebeln
50 g Kartoffeln
250 g Möhren
2 EL Sonnenblumenöl
2 EL Mehl
1 l Gemüsebrühe
300 g Bio-Orangen
1 EL Crème fraîche
1 TL Honig
Salz, Muskatnusspulver, Pfeffer

Vegane Variante
Den Honig durch Agavendicksaft ersetzen und die Crème fraîche durch Seidentofu.

ZUBEREITUNG

Das Kürbisfleisch putzen und würfeln, die Zwiebeln hacken, Kartoffeln und Möhren schälen und würfeln. Das Öl in einem großen Topf erhitzen, darin die Zwiebeln glasig dünsten, das Mehl darüber sieben und anschwitzen. Die Brühe hinzugeben und alles bei mittlerer Temperatur ca. 20 Minuten garen. Anschließend fein pürieren.

Die Orangen abreiben und auspressen und den Saft sowie Abrieb zur Suppe geben. Mit Crème fraîche und Honig verfeinern, mit Salz, Muskatnusspulver und Pfeffer abschmecken.

TIPP: *Als zusätzliches Topping eignen sich kleine Blätterteig-Plätzchen, in der Weihnachtszeit gerne in Form kleiner Sterne.*

KÜRBISSÜPPCHEN
MIT FRUCHTIGEM APFEL

GEEIGNETE SORTEN

- 'Butternut'
- 'Crioula Pataka'
- 'Flat White Boer'
- 'Hokkaido' (ungeschält)

ZUTATEN

Für 4 Portionen

2 Zwiebeln
2 TL Öl
1 Kürbis (ca. 1,5 kg)
2 Äpfel
ca. 2 l Wasser
1 EL gekörnte Gemüsebrühe
1/2 EL Garam Masala
(alternativ Currypulvermischung)
1 TL brauner Zucker
200 ml Crème fraîche
Salz, Pfeffer

Vegane Variante
Alternativ statt Crème fraîche vegane Creme einsetzen.

ZUBEREITUNG

Zwiebeln häuten, klein schneiden und in einem Topf mit Olivenöl andünsten. Kürbis schälen, entkernen und Kürbisfleisch würfeln, ebenso Äpfel würfeln und beides mit in den Topf geben. Diesen zur Hälfte mit Wasser füllen, Gemüsebrühe, Garam Masala (oder die Currypulvermischung) und Zucker hinzugeben.

Alles ca. 20 Minuten köcheln lassen. Anschließend pürieren und nach Geschmack Crème fraîche oder alternativ vegane Creme sowie Salz und Pfeffer dazugeben.

TIPP: *Statt mit Äpfeln und braunem Zucker kann die Suppe auch mit Orangensaft und Orangenzesten gekocht werden – herrlich! Und statt Sahne lässt sich auch Kokosmilch verwenden.*

KÜRBISSUPPE
MIT FRUCHTIG-EXOTISCHER KOMPONENTE

GEEIGNETE SORTEN

- ✔ 'Butternut'
- ✔ 'Delica' (ungeschält)
- ✔ 'Hokkaido' (ungeschält)
- ✔ 'Tetsukabuto' (ungeschält)

ZUTATEN

Für 6 Portionen

1 Kürbis
2 Äpfel
1 Zwiebel
2 EL Olivenöl
Salz, Pfeffer
1 l Gemüsebrühe
1/2 frische Ananas
150 g Ingwer
250 ml Kokosmilch
ca. 50 ml Sahne
Currypulver

Vegane Variante
Um die Suppe vegan zu halten, einfach den Sahnezusatz weglassen oder ersetzen.

ZUBEREITUNG

Den Kürbis schälen ('Delica' und 'Hokkaido' können ungeschält verwendet werden), entkernen und in Stücke schneiden. Ebenso Äpfel und Zwiebel häuten und klein schneiden.

Alles zusammen in einem Topf und in Öl andünsten. Mit Salz und Pfeffer würzen, dann Gemüsebrühe aufgießen. Ananas und Ingwer schälen und klein schneiden, dann zur Suppe geben und alles köcheln lassen.

Kokosmilch hinzufügen, weichkochen lassen, dann pürieren. Je nach Konsistenz noch Brühe und Sahne hinzugeben und nach Geschmack mit etwas Currypulver abschmecken.

TIPP: *Zur Dekoration beim Servieren der Suppe in kleinen Schalen jeweils ein Stück Ananas und eine Weintraube auf einen kleinen Holzspieß schieben und hinzugeben.*

KÜRBISCREMESUPPE

GEEIGNETE SORTEN

- ✓ 'Australian Butter'
- ✓ 'Butternut'
- ✓ 'Jarrahdale'

ZUTATEN

Für 4 bis 6 Portionen

600 g Kürbisfleisch
1 TL Ingwer
1 Schalotte
2 EL Rapsöl
400 ml Kokosnussmilch
400 ml Gemüsebrühe
2 TL mildes Currypulver
Meersalz
Pfeffer aus der Pfeffermühle

ZUBEREITUNG

Den Kürbis schälen, halbieren und entkernen. Das Kürbisfleisch in grobe Würfel schneiden. Die Schalotten schälen und würfeln, Ingwer reiben.

Dann das Rapsöl in einem Topf erwärmen und die Kürbis- und Schalottenwürfel darin anschwitzen. Ingwer und Currypulver zugeben und mit der Gemüsebrühe auffüllen.

Alles zum Kochen bringen und 30 Minuten bei niedriger Temperatur köcheln lassen. Danach die Kokosnussmilch zur Suppe geben und nochmal 10 Minuten köcheln lassen.

Die Cremesuppe mit einem Stabmixer fein pürieren und durch ein Sieb passieren. Die Kürbissuppe sollte eine leicht sämige Konsistenz haben. Dafür gegebenenfalls noch etwas Flüssigkeit hinzufügen. Mit Meersalz und Pfeffer abschmecken.

Dieses Rezept eignet sich für
alle Kürbissorten, die mit
Schale verzehrt werden
können.

GEBRATENER 'BUTTERNUT'

GEEIGNETE SORTEN

- ✔ 'Backed Potato'
- ✔ 'Butternut' (ungeschält)
- ✔ 'Futsu Black Rinded'

ZUTATEN

Für 4 Portionen

ca. 1,5 kg Kürbisfleisch
2 Zweige frischen Salbei
2 mittelgroße Zwiebeln
ca. 4 EL Öl
grobes Meersalz
Pfeffer aus der Mühle

ZUBEREITUNG

Den Kürbis waschen, der Länge nach halbieren und entkernen. Mit der Schnittfläche auf ein Küchenbrett legen und in ca. 0,5 cm breite Scheiben schneiden.

Die Zwiebeln klein würfeln, die Salbeiblätter vom Stiel entfernen und in feine Streifen schneiden.

Eine Pfanne mit Olivenöl erhitzen und die Kürbisstücke in das heiße Öl legen. Nach ca. 1 bis 2 Minuten die Zwiebeln und den Salbei dazugeben. Alles braten bis der Kürbis leicht gebräunt ist. Mit Salz und Pfeffer würzen.

TIPP: *Der gebratene Kürbis schmeckt kalt als Antipasti, auf grünen Blattsalaten oder auch warm als Gemüsebeilage zu vielen Fisch und Fleischgerichten! Lecker dazu ist auch ein Kräuterquark.*

TOMATEN-KÜRBIS-PFANNE MIT KÄSE

GEEIGNETE SORTEN

- ✓ 'Baked Potato'
- ✓ 'Pink Jumbo Banana'
- ✓ 'Sombra'

ZUTATEN

Für 4 Portionen

300 g Tomaten
400 g Kürbisfleisch
50 g Lauchzwiebeln
70 g Käse
Salz, Pfeffer, Oregano
weißer Balsamicoessig, Öl

Vegane Variante
Den Käse durch pflanzlichen Käseersatz oder Tofu austauschen.

ZUBEREITUNG

Tomaten in kleine Würfel und Lauchzwiebeln in feine Ringe schneiden, den Käse reiben, den Kürbis waschen, schälen und in kleine Würfel schneiden.

Dann die Kürbiswürfel in einer Pfanne mit etwas Öl leicht anbraten. Tomatenwürfel und Lauchzwiebeln dazugeben und etwa 5 Minuten unter ständigem Schwenken garen.
Mit Salz, Pfeffer und Oregano würzen und einen Schuss Balsamicoessig hinzugeben.

Den geriebenen Käse drüberstreuen, alles kurz schwenken, auf Teller geben und servieren.

TIPP: *Lecker ist es, etwas Pesto dazuzugeben und mit Baguette zu servieren.*

KÜRBIS MIT BUNTEN KARTOFFELN

GEEIGNETE SORTEN

- ✓ 'Longue de Nice'
- ✓ 'Mashed Potato'

und alle Muskat-Kürbis-Sorten

ZUTATEN

Für 10 Portionen

750 g Kürbisfleisch
1 kg bunte Kartoffeln
150 g Tomaten
(alternativ tiefgekühlte
oder in Öl eingelegte)
500 g Champignons
3 TL Rosmarin
1 TL Thymian
3 TL Meersalz
1 TL Steakpfeffer
4 EL Olivenöl
200 g Schafskäse

Außerdem
· Backblech

Vegane Variante
Der Schafskäse kann gegen geräucherten Tofu ausgetauscht werden.

ZUBEREITUNG

Den Kürbis schälen und Kerne entfernen, das Kürbisfleisch in mundgerechte Stücke schneiden. Ebenso die Kartoffeln schälen und in mundgerechte Stücke schneiden.

Gegebenenfalls auch die Champignons und Tomaten noch klein schneiden.

Alle Gemüsearten in mundgerechter Größe auf einem Backblech mit dem Olivenöl mischen. Rosmarin, Thymian, Salz und Pfeffer dazu geben und den Schafskäse nach Belieben darüber krümeln.

Bei 175 °C ca. 40 Minuten im Ofen garen.

TIPP: *Hierzu passen sehr gut Dips (siehe Seiten 4 bis 13).*

CHORIZO-KÜRBIS-PFANNE

GEEIGNETE SORTEN

- 'Fairytale'
- 'Piena di Napoli'
- 'Sombra'
- 'Sweat Meat'
- 'Trombolino d'Albenga'

ZUTATEN

Für 6 Portionen

300 g Chorizo (spanische Paprikawurst)
400 g Kürbisfleisch
50 g Paprika (rot, grün oder gelb)
2 EL Öl
Salz, Pfeffer
1 TL Paprikapulver edelsüß

ZUBEREITUNG

Den Kürbis schälen, entkernen und in Stücke schneiden.

Die Chorizo in Scheiben und Paprika in kleine Würfel schneiden. Dann die Chorizo im Öl in einer Pfanne leicht anbraten, anschließend die Kürbis- und Paprikawürfel dazugeben und etwa 5 Minuten unter ständigem Schwenken mitdünsten lassen.

Mit Salz, Pfeffer und Paprikapulver würzen.

TIPP: *Noch kräftiger schmeckt das Pfannengericht, wenn etwas Knoblauch hinzugegeben wird. Zu dieser Chorizo-Kürbis-Pfanne können verschiedene Dips (Rezepte siehe Seiten 4 bis 9) serviert werden.*

Dieses Gericht ist auch auf dem Titel zu sehen.

SHRIMPS-KÜRBIS-PFANNE

GEEIGNETE SORTEN

- 'Jarrahdale'
- 'Muscade de Provence'
- 'Pink Jumbo Banana'

ZUTATEN

Für 6 Portionen

200 g Eismeer-Shrimps
300 g Kürbisfleisch
100 g Grüner Spargel, Staudensellerie, Möhren oder ein anderes Gemüse
2 EL Öl
30 g Sesamsaat
Salz, Pfeffer, Currypulver
2 TL Zitronensaft
1 kleine Knoblauchzehe

Außerdem

· 3 TL Sesamsaat

ZUBEREITUNG

Den Kürbis schälen, entkernen und in Stücke schneiden.

Das Gemüse evtl. schälen und ebenfalls in kleine Stücke schneiden. Knoblauch häuten und klein schneiden.

Dann die Kürbiswürfel zusammen mit den Shrimps in einer Pfanne in Öl anbraten. Gemüsewürfel, Knoblauch und Sesamsaat kurz mitbraten, Currypulver dazugeben und weitere 5 Minuten unter ständigem Schwenken oder Rühren bei niedrigerer Temperatur garen.

Mit Salz, Pfeffer und Zitronensaft würzen.

Vor dem Servieren mit Sesamsaat bestreuen.

TIPP: *Dieses Gericht kann mit Asiasauce oder ähnlichem serviert werden.*

SPAGHETTI-KÜRBIS MIT BOLOGNESE

GEEIGNETE SORTEN

✔ 'Small Wonder'
✔ 'Stripetti'
und alle Spaghetti-Kürbissorten

ZUTATEN

Für 4 Portionen

1 Kürbis
2 EL Olivenöl

Außerdem

· Bolognese-Soße
· 200 g Käse
· 1 Backblech
· Alufolie

Vegane Variante
Eine vegane Bolognese-Soße oder rote Linsen verwenden und den Käse durch Tofu ersetzen.

ZUBEREITUNG

Den Kürbis mit der Schale der Länge nach halbieren und entkernen.

Die Kürbishälften mit Olivenöl einölen und die Bolognese-Soße einfüllen.

Käse reiben und darüberstreuen.

Die Kürbishälften mithilfe von Alufolie gegen das Umkippen auf dem Backblech positionieren und im vorgeheizten Backofen bei 200 °C abhängig von der Größe 45 bis 60 Minuten backen.

TIPP: *Es kann direkt aus den auf den Tellern servierten Kürbishälften gegessen werden. Außerdem können anstelle der Bolognese hierzu alle Pastasoßen verwendet werden oder auch eine Spinat-/Linsen-Bolognese.*

ÜBERBACKENE CRESPELLE
MIT GEFLÜGEL-KÜRBIS-RAGOUT

GEEIGNETE SORTEN

- ✔ 'Butternut'
- ✔ 'Flat White Boer'
- ✔ 'Hokkaido' (ungeschält)
- ✔ 'Sampson'
- ✔ 'Tetsukabuto', u. ä.

ZUTATEN

Für 4 Portionen

Für die Crespelle
250 ml Milch
70 g Mehl
2 Eier
2 EL Butter
Salz, Pfeffer
1 TL Paprikapulver

Fürs Ragout
500 g Geflügelbrust
500 g Kürbisfleisch
50 g Butter
2 Zwiebeln
50 ml Weißwein
250 ml süße Sahne
20 g Mehl
1 EL Zitronensaft
Salz, Pfeffer

Außerdem
· große Pfanne
· feuerfeste Auflaufform
· 200 g Käse zum Überbacken

ZUBEREITUNG

Für die Crespelle Eier und Mehl verrühren, mit Salz und Pfeffer würzen und Milch zugeben. In großer Pfanne mit etwas Butter auf heißer Stufe zu einem großen Fladen ausbacken. Dann zur Seite stellen.

Den Kürbis schälen (außer 'Hokkaido') und entkernen. Für die Ragout-Füllung Geflügelfleisch und Kürbisfleisch getrennt in Würfel schneiden, Zwiebeln häuten und klein schneiden.

Geflügelwürfel kurz und scharf in der Pfanne in etwas Butter anschwitzen. Kürbiswürfel und Zwiebeln hinzufügen und 3 Minuten mitschmoren lassen. Salz zufügen, Mehl darüber sieben und mit Wein und Sahne ablöschen. Unter Rühren ca. 10 Minuten köcheln lassen, abschmecken.

Den Käse reiben.

Crespelle dann in eine feuerfeste Auflaufform geben, das Ragout auffüllen und mit dem Käse bestreuen.

Im vorgeheizten Backofen bei 180 °C ca. 15 Minuten überbacken.

TIPP: *Crespelle passt gut zu einem frischen Blattsalat* *(siehe Seite 28).*

CHILI CON CALABAZA

ODER MIKROWELLEN-KÜRBISSE

GEEIGNETE SORTEN

- 'Futsu Black Rinded'
- 'Miss Sophie Pink'
- 'Shokichi Shiro Red'
- 'Sweet Dumpling'

und andere Mini-Kürbisse

ZUTATEN

Für 6 Portionen

6 Mini-Kürbisse
800 g veganes Hack
1 große Zwiebel
1 Dose geschälte Tomaten (à 800 g)
1 Dose Mais (à 400 g)
1 Dose Kidneybohnen (à 400 g)
1 große Paprika
2 Chilischoten
2 TL Salz
1 TL Pfefferkörner
2 TL Kreuzkümmelpulver
1 TL Cayenne-Pfefferpulver
2 EL Korianderpulver
1 TL Sojasauce
500 g Muskatkürbisfleisch

Außerdem

· Mini-Kürbisse zum Servieren
· geriebener Käse zum Bestreuen

ZUBEREITUNG

Den Backofen auf 160 °C vorheizen. Die Mini-Kürbisse im oberen Drittel aufschneiden, die Kerne entfernen und im vorgeheizten Backofen für 45 Minuten garen.

Währenddessen die Zwiebel würfeln und das andere Kürbisfleisch vorbereiten und ebenfalls würfelig schneiden, den Parmesan reiben.

Nun für das Chili con Calabaza das vegane Hack mit etwas Sojasauce in einem großen Topf anbraten, bis es braun und krümelig ist. Die gewürfelte Zwiebel hinzufügen und mitbraten, bis sie glasig ist. Dann die Tomaten und das gewürfelte Kürbisfleisch gut unterrühren. Mais, Kidneybohnen, Paprika und die klein geschnittenen Chilischoten sowie die Gewürze hinzugeben.

Alles bei milder Hitze köcheln lassen, bis die Aromen gut miteinander verschmolzen sind und das Kürbisfleisch weich ist. Nach 45 Minuten die kleinen Kürbisse aus dem Ofen nehmen und mit dem vorbereiteten Chili con Calabaza füllen.

Großzügig mit dem geriebenen Käse bestreuen, die Kürbisdeckel wieder aufsetzen und weitere 15 Minuten im Ofen backen lassen, bis der Käse geschmolzen und leicht gebräunt ist.

Die gefüllten Mini-Kürbisse sofort heiß servieren.

TIPP: *Schnell und lecker sind auch die Mikrowellenkürbisse. Geeignete Sorten sind 'Baby Boo', 'Casperita', 'Delicata', 'Ivory', 'Puccini' oder 'Rolet'. Einfach an der Stielseite einen Deckel abschneiden, Kerne entfernen, Deckel wieder aufsetzen und bei 600 Watt ca. 6 bis 8 Minuten in der Mikrowelle garen. Alternativ im Backofen 20 bis 25 Minuten. Danach Crème fraîche oder Butter, Salz und Kräuter einfüllen und zusammen auslöffeln. Lecker!*

CHILI CON KÜRBIS

GEEIGNETE SORTEN

- 'Australian Butter'
- 'Autumn Crown'
- 'Delica' (ungeschält)
- 'Rouge Vif d'Etampes'
- 'Tetsukabuto' (ungeschält)

ZUTATEN

Für 4 Portionen

500 g Kürbisfleisch
100 g Zucchini
100 g Auberginen
1 Paprika
200 g Reis
2 Zwiebeln
4 EL Olivenöl
3 Knoblauchzehen
1 l Gemüsebrühe
1 kleine Dose Tomaten
1 kleine Dose Maiskörner
1 kleine Dose Kidneybohnen
Salz
1 TL Chilipulver
2 EL Paprikamark

Außerdem

· Streifen von Kürbisfleisch zur Dekoration

ZUBEREITUNG

Kürbis schälen, entkernen und würfeln. Zwiebeln und Knoblauch häuten und fein würfeln.

Zucchini, Auberginen und Paprika waschen, entkernen und klein schneiden. Reis kochen.

Zwiebeln und Knoblauch in der Pfanne mit Öl glasig dünsten. Chilipulver und Paprikamark hinzufügen und alles mit der Gemüsebrühe ablöschen.

Das gewürfelte Frischgemüse, also Kürbisfleisch, Zucchini, Auberginen, Paprika hinzugeben und alles unter Rühren zum Kochen bringen. 8 Minuten garen lassen.

Dosengemüse und Reis hinzufügen, weitere 4 Minuten mitdünsten, dann abschmecken und servieren.

TIPP: *Toll ist es, das Chili con Kürbis in einem ausgehöhlten Kürbis auf den Tisch zu bringen.*

Serviert werden die Pommes in einer aus Brotpapier geformten Tüte oder in einem schmalen Topf.

KÜRBIS-POMMES
MIT KÜRBISKERNÖL-MAYONNAISE

GEEIGNETE SORTEN

✔ 'Butternut'
und alle Acorn-Kürbis-Sorten

ZUTATEN

Für 6 Portionen

Für die Pommes
700 g Kürbisfleisch
4 EL Öl
50 g Paniermehl
50 g Parmesan
1 TL Salz

Für die Mayonnaise
1 Bio-Ei
70 ml neutrales Öl
300 ml Kürbiskernöl
1/2 TL Wasabi
(alternativ 1 TL Dijon-Senf)

Außerdem
· Backpapier
· Backblech

Vegane Variante
Statt Parmesan einfach zu einer veganen Alternative greifen. Das Bio-Ei durch pürierten Seidentofu ersetzen.

ZUBEREITUNG

Den Backofen auf 240 °C (Ober-/Unterhitze; 220 °C Umluft) vorheizen. Den Parmesan reiben. Den Kürbis halbieren und die Kerne mit einem Löffel entfernen. Je nach Sorte schälen. Dann das Kürbisfleisch in 1 cm dicke Scheiben und dann 1 cm dicke Sticks schneiden.

In einer Schüssel die Kürbissticks mit Öl vermengen. In einer separaten Schüssel das Paniermehl, den geriebenen Parmesan und das Salz vermischen. Die Kürbissticks zur Paniermehl-Mischung hinzufügen und gut vermengen, sodass die Sticks gleichmäßig bedeckt sind.

Die vorbereiteten Kürbispommes auf ein mit Backpapier ausgelegtes Blech verteilen und im vorgeheizten Ofen auf der mittleren Schiene 13 bis 15 Minuten backen, bis die Kürbissticks goldbraun und knusprig sind.

Für die Mayonnaise die Öle zusammen mit dem Ei in einen hohen Mixbecher geben. Mit einem Pürierstab alles zu einer cremigen Masse pürieren. Den Wasabi (oder alternativ den Dijon-Senf) hinzufügen und gut unterrühren und mit Salz abschmecken. Die Mayonnaise sollte vor der Pommes-Zubereitung fertig sein.

Die Kürbispommes aus dem Ofen nehmen und mit der Mayonnaise sofort servieren.

HERZHAFTE KÜRBIS-TARTE

GEEIGNETE SORTEN

- ✔ 'Butternut'
- ✔ 'Hokkaido' (ungeschält)
- ✔ 'Ivory' (ungeschält)
- ✔ 'Tetsukabuto' (ungeschält)

ZUTATEN

Für eine Tarte-Form (Ø 23 cm)

Für den Teig
230 g Mehl
130 g Butter
1 TL Salz
1 Ei
evtl. etwas Öl

Für die Füllung
130 g Mozzarella
130 g Parmesan
270 g Schmand
1 TL Salz
etwas Pfeffer, Muskatnusspulver
Paprikapulver

Für den Belag
600 g Kürbisfleisch
(bei 4 Sorten je 150 g)

Außerdem
· runde Tarte-Form
· Butter für die Form

ZUBEREITUNG

Aus dem Mehl, der Butter, dem Salz, den Eiern und Öl einen Mürbeteig herstellen. Diesen ausrollen und etwas ruhen lassen. Dann den Teig mehrmals einstechen und bei 175 °C ca. 10 bis 15 Minuten blind backen.

Für die Füllung den geriebenen Mozzarella und Parmesan sowie den Schmand mit den Gewürzen gut miteinander verrühren, kräftig abschmecken und auf dem vorgebackenen, erkalteten Teig gleichmäßig verteilen.

Für den Belag die verschiedenen Kürbissorten, die mit Schale verwendet werden können, waschen, entkernen und in dünne, schmale Scheiben schneiden (auf der Brotschneidemaschine geht dies am besten).

Dann die Kürbisscheiben fächerartig in Kreisform in die Füllung stecken. Dabei mit den Farben der unterschiedlichen Kürbissorten spielen. Zum Schluss mit Salz und Pfeffer würzen und ca. 40 bis 45 Minuten bei 175 °C backen.

TIPP: *Selbstverständlich funktioniert das Rezept auch mit einer Kürbissorte, doch der Reiz und der besondere Geschmack ergibt sich bei der Verwendung mehrerer Kürbissorten. Probiert gerne auch mal andere Anordnungen auf einem Blech aus, zum Beispiel in Streifen!*

KÜRBIS-QUICHE

GEEIGNETE SORTEN

✓ 'Autumn Crown'

✓ 'Fairytale'

und andere Acorn-Sorten

ZUTATEN

Für eine Tarte-Form (Ø 23 cm)

Für den Mürbeteig
600 g Kürbisfleisch
3 TL Pinien- oder Kürbiskerne
250 g Mehl
125 g kalte Butter
5 Eier
250 ml Sahne
150 g Feta
2 EL Olivenöl
Salz, Pfeffer aus der Pfeffermühle

Außerdem
· Backblech
· Backpapier
· Tarte-Form
· Fett für Tarte-Form

ZUBEREITUNG

Ofen auf 200 °C (Umluft) vorheizen. Kürbis schälen, halbieren und mit einem Löffel die Kerne herausschaben.

Fruchtfleisch in ca. 1,5 cm große Würfel schneiden. Kürbiswürfel, Olivenöl, Salz und Pfeffer mischen. Alles auf ein mit Backpapier belegtes Blech geben. 30 Minuten auf mittlerer Schiene rösten. Die Pinien- oder Kürbiskerne in einer Pfanne ohne Fett goldbraun rösten. Für den Mürbeteig Mehl, die kalte Butter in Flöckchen, Salz und ein Ei rasch zu einem glatten Teig verkneten. Den Teig in Folie gewickelt 30 Minuten kalt stellen.

Inzwischen Ofentemperatur auf 160 °C reduzieren. Die Tarte-Form einfetten. Teig auf bemehlter Fläche etwas größer als die Form ausrollen und in die Form legen. An den Seiten leicht andrücken und überschüssigen Teig abschneiden. Die restlichen vier Eier, die Sahne, etwas Salz und Pfeffer verrühren. Feta klein würfeln. Den Eierguss auf den Tarteboden gießen, die Zweidrittel der Feta- und alle Kürbiswürfel sowie die Hälfte der gerösteten Pinien- oder Kürbiskerne darauf verteilen.

Backrost auf den heißen Ofenboden stellen. Die Quiche darauf 40 bis 45 Minuten backen. Danach herausnehmen, mit dem restlichen Feta und den übrigen Pinien- oder Kürbiskernen bestreut servieren.

HERBSTLICHE KÜRBIS-LASAGNE

GEEIGNETE SORTEN

- ✓ 'Australian Butter'
- ✓ 'Indian Doll'
- ✓ 'Romanska Yougoslavian'
- ✓ 'White Heaven'

ZUTATEN

Für 8 – 10 Personen

Für die Béchamelsoße
80 g Butter
80 g Mehl
½ l Milch
¼ l Gemüsebrühe
150 g Kräuterschmelzkäse

Für den Kürbis-Mix
1,5 kg Kürbisfleisch
3 Knoblauchzehen
3 EL Olivenöl
2 – 3 EL Butter
Salz, Pfeffer

Für den Rote Bete-Mix
1,5 kg Rote Bete
2 Knoblauchzehen
3 EL Olivenöl

Für den Spinat-Mix
200 g Blattspinat
2 EL Butter
1 kleine Zwiebel
1 Knoblauchzehe

Für den Champignon-Mix
200 g Champignons
3 EL Olivenöl
Salz, Pfeffer

Außerdem
- 200 g Lasagneplatten (ohne Vorkochen)
- 150 g Emmentaler
- Auflaufform
- Butter zum Fetten der Form

Vegane Variante
Für Butter, Milch und Schmelzkäse die entsprechenden veganen Ersatzprodukte einsetzen.

ZUBEREITUNG

Für die Béchamelsoße die Butter in einem Topf erhitzen, das Mehl zügig einrühren und unter starkem Rühren mit dem Schneebesen zuerst die Gemüsebrühe hinzugeben, dann den Schmelzkäse. Alles zu einer glatten Soße verrühren und zur Seite stellen.

Den Kürbis schälen, entkernen, ggf. entrinden und raspeln. Für den Kürbismix die Raspelmasse bei 180 °C ca. 15 bis 30 Minuten weich garen. Zusammen mit den ausgedrückten Knoblauchzehen, Olivenöl, Butter und den Gewürzen pürieren.

Die Rote Bete säubern, schälen und in dünne Scheiben schneiden. Diese getrennt vom Kürbisfleisch bei 180 °C ca. 15 bis 30 Minuten weich garen. Dann mit dem Knoblauch und Öl pürieren.

Den Blattspinat waschen und in Olivenöl kurz garen, zusammen mit in Scheiben geschnittenen Champignons kurz in Olivenöl anbraten und würzen. Nun alle Zutaten in eine gefettete Auflaufform in dieser Reihenfolge schichten: Ein Drittel der Béchamelsoße, eine Lage Lasagneplatten, hierauf der Kürbis- und der Rote Bete-Mix, eine Lage Lasagneplatten, ein weiteres Drittel Béchamelsoße, der Spinat- und Champignon-Mix, eine Lage Lasagneplatten, das letzte Drittel Béchamelsoße und mit dem geraspelten Emmentaler abschließen. Die Auflaufform bei 180 °C ca. 35 bis 40 Minuten garen.

ROLET-KÜRBIS
MIT LACHS- ODER KRÄUTERFÜLLUNG

GEEIGNETE SORTEN

- ✔ 'Baby Boo'
- ✔ 'Mandarin'
- ✔ 'Puccini'
- ✔ 'Rolet'

ZUTATEN

Für 4 Portionen

1 kleiner Kürbis

Für die Lachsfüllung
2 Streifen Lachs
250 g Schafskäse
1 EL Zitronensaft
Salz, Pfeffer
Dill
250 ml Gemüsebrühe

Für die Quarkfüllung
2 EL Öl
200 g Quark
etwas Milch
Salz, Cayennepfefferpulver
1 Bund Schnittlauch
1 EL Zitronensaft

Außerdem
· Auflaufform

ZUBEREITUNG

Von den Kürbissen die obere Kappe mit Stielansatz als Deckel abschneiden, Kerngehäuse entfernen.

Für die Lachsfüllung den Lachs in kleine Würfel schneiden, mit Zitronensaft marinieren und alles mit zerkrümeltem Schafskäse vermengen.

Würzen und die Masse in die Kürbisse füllen, Kappe aufsetzen und in einer mit Brühe gefüllten Auflaufform im vorgeheizten Backofen bei 200 °C garen.

Für die Quarkfüllung bei den Kürbissen den Deckel wieder aufsetzen, Kürbisse sorgfältig von außen mit Öl einreiben, in eine feuerfeste Auflaufform geben und ca. 25 Minuten bei 200 °C im Backofen garen.

Zwischenzeitlich Quark mit Milch glatt rühren, den Schnittlauch waschen und klein schneiden, dann hinzugeben, ebenso Zitronensaft und Gewürze.

Vom gegarten und leicht abgekühlten Kürbis den Deckel abnehmen, den Kräuterquark einfüllen und servieren.

TIPP: *Lecker schmeckt auch die 'Rolet'-Variante. Dazu die ganzen Früchte mehrmals mit der Gabel einstechen, 20 Minuten in Wasser kochen, dann halbieren, Kerne entfernen und mit geschmolzener Butter und Salz oder Knoblauchbutter füllen und genießen.*

GRATINIERTER SPAGHETTI-KÜRBIS

GEEIGNETE SORTEN

- ✔ 'Small Wonder'
- ✔ 'Stripetti'

ZUTATEN

Für 4 Portionen

1 Kürbis
150 g Mascarpone
50 g Gorgonzola
50 g Parmesan
3 Stängel Thymian
Salz, Pfeffer

Außerdem

· 1 Backblech
· 1 EL Olivenöl zum Einfetten

Vegane Variante
Alle Käsesorten müssen durch die entsprechenden veganen Alternativen ersetzt werden.

ZUBEREITUNG

Den Kürbis waschen und quer in jeweils 2 Zentimeter dicke Scheiben schneiden. Die Kürbisscheiben im Dampfbackofen nach Geräteangaben oder im Backofen bei 140 °C bissfest garen. Anschließend Parmesam reiben und die Mascarpone und Gorgonzola vermengen. Mit Salz und Pfeffer würzen, sowie abgezupfte Thymianblätter hinzufügen.

Die Kürbisscheiben auf das eingeölte Backblech nebeneinander legen, die Käsemasse hierauf verteilen. Das Blech im vorgeheizten Backofen bei 220 °C ca. 10 Minuten gratinieren, der Käse sollte eine leichte Bräunung angenommen haben.

TIPP: *Ein superschnelles Gericht, wenn es mal unaufwändig und zügig zugehen muss! Die Scheiben werden als Ganzes serviert und aus dem Schalenrand heraus gegessen.*

KÜRBIS-TOMATEN-GRATIN

GEEIGNETE SORTEN

- ✓ 'Butternut'
- ✓ 'Longue de Nice'
- ✓ 'Trombolino d'Albenga'

ZUTATEN

Für 4 Portionen

1 kg Kürbisfleisch
500 g Tomaten
200 g Mozzarella
1 Bund Basilikum
Salz, Pfeffer
100 g Parmesan

Außerdem

· Olivenöl zum Anbraten

Vegane Variante
Die beiden Käsearten durch pflanzlichen Käseersatz und Tofu austauschen.

ZUBEREITUNG

Den Kürbis schälen, entkernen und das Kürbisfleisch in Scheiben schneiden. Diese in der Pfanne in Olivenöl anbraten, bis das Kürbisfleisch weich, aber noch bissfest ist.

Den Parmesan reiben. Die Basilikumblättchen abzupfen.

Tomaten und Mozzarella in Scheiben schneiden und diese abwechselnd mit den angebratenen Kürbisscheiben in eine ofenfeste Form schichten. Mit Salz und Pfeffer würzen und bei 170 °C im vorgeheizten Backofen ca. 25 Minuten backen.

Dann den geriebenen Parmesan darüber streuen und weitere 10 Minuten überbacken.

Erst kurz vor dem Servieren die Basilikumblättchen drüberstreuen.

TIPP: *Das superschnelle und leckere Gericht, wenn wirklich mal alles schnell gehen muss! Die Mini-Kürbisse werden als Ganzes serviert und direkt aus der Schale heraus ausgelöffelt.*

KÜRBISRÖSTI
MIT WESTFÄLISCHER BLUTWURST

GEEIGNETE SORTEN

- 'Flat White Boer'
- 'Hokkaido' (ungeschält)
- 'Star'

ZUTATEN

Für 4 Portionen

Für die Röstis
700 g Kürbisfleisch
300 g Kartoffeln (festkochend)
1 Zwiebel
2 Eier
4 EL Dinkelvollkornmehl
Salz, Pfeffer
1 Msp. Muskatnusspulver

Für die Blutwursteinlage
4 Scheiben Blutwurst (jeweils ca. 40 g)
Salz, Pfeffer
10 g Petersilie (und/oder Schnittlauch)
1 Bio-Zitrone
250 g Quark (20 % Fett)
Mineralwasser mit Kohlensäure

Außerdem
· Öl zum Anbraten

ZUBEREITUNG

Für die Einlage Petersilie bzw. Schnittlauch waschen, trockenschütteln und fein hacken.

Zitrone waschen, Schale abreiben und den Saft auspressen.

Quark mit Zitronenabrieb, Zitronensaft, gehackten Kräutern und Mineralwasser verrühren sowie mit Salz und Pfeffer kräftig abschmecken. Dann kalt stellen.

Für die Röstis Kürbis schälen ('Hokkaido' muss nicht geschält werden), entkernen und das Kürbisfleisch raspeln. Ebenso Kartoffeln schälen und raspeln, Zwiebel häuten und klein hacken. Alles in eine Schüssel geben, mit Eiern und Mehl verrühren und mit Salz, Pfeffer und Muskatnusspulver würzen.

Nun die Blutwurstscheiben einzeln nacheinander in Mehl wenden und in eine erhitzte Pfanne legen. Bei nicht allzu starker Hitze zunächst das Fett aus der Blutwurst austreten und dann die Scheibe noch leicht anbraten lassen. Dann ein Viertel der Kürbis-Kartoffelmasse um die Scheibe legen, leicht andrücken und bei leichter Hitze mitbraten lassen. Nach ca. 5 Minuten das Rösti vorsichtig wenden. Weitere 3 bis 5 Minuten das Rösti schön kross werden lassen, dann im vorgeheizten Backofen bei 70 °C nachgaren und warmhalten.

Wenn alle Röstis gebraten sind, diese servieren.

TIPP: *Zu diesem herzhaften und typisch westfälischen Gericht passt sehr gut ein Feld- oder Endiviensalat mit einer Vinaigrette oder Kartoffeldressing (Rezept siehe Seite 28).*

KÜRBISEINTOPF

GEEIGNETE SORTEN

- ✔ 'Australian Butter'
- ✔ 'Blue Banana'
- ✔ 'Sampson'
- ✔ 'Star'

ZUTATEN

Für 4 Portionen

500 g Kürbisfleisch
700 g Kartoffeln
2 Zwiebeln
1 Knoblauchzehe
1/2 Bund Majorankraut
200 g Tomaten
500 ml Gemüsebrühe
1 Stange Lauch
Salz, Pfeffer

Außerdem

- Streifen von Kürbisfleisch und Zucchini

ZUBEREITUNG

Kürbis schälen, entkernen und würfeln. Zwiebeln und Knoblauch häuten und fein würfeln. Majoran waschen und Blättchen abzupfen. Tomaten waschen und klein schneiden.

Kartoffeln schälen, klein schneiden und in Salzwasser ca. 25 Minuten garen.

Dann Zwiebeln, Knoblauch und Kürbisfleisch zu den Kartoffeln geben. Kurz mit garen lassen, dann Majoran, Tomaten und Brühe dazugießen. Alles zugedeckt 15 Minuten köcheln lassen.

Lauch putzen, waschen und in Ringe schneiden und die letzten 5 Minuten mit hinzugeben.

Mit Salz und Pfeffer abschmecken.

Mit in Streifen geschnittenem Kürbis- und Zucchinifleisch dekoriert servieren.

GRAUPENRISOTTO MIT KÜRBIS

GEEIGNETE SORTEN

- 'Longue de Nice'
- 'Miss Sophie Pink'
- 'Sucrine du Berry'

ZUTATEN

Für 10 Portionen

150 g Kürbisfleisch
300 g feine Perlgraupen
1 Zwiebel
1 Knoblauchzehe
0,5 g Safran
1 Prise Kurkumapulver
1 Prise Muskatnusspulver
60 g Harzer Käse
(alternativ Parmesan)
700 ml Gemüsebrühe
100 ml Weißwein
100 g Butter
Salz nach Belieben

Vegane Variante
Statt der Butter Pflanzenöl mit Buttergeschmack verwenden und den Käse durch Pilze oder geräucherten Tofu ersetzen.

ZUBEREITUNG

Den Kürbis schälen und Kerne entfernen, das Kürbisfleisch raspeln. Den Käse reiben oder fein würfeln.

Die Zwiebel und die Knoblauchzehe schälen und in kleine Würfel schneiden.

Butter in einen Topf geben, heiß werden lassen, Zwiebel- und Knoblauchwürfel hinzufügen und anschwitzen lassen.

Die Graupen hinzufügen, ebenfalls kurz mit anschwitzen lassen, dann die Brühe portionsweise hinzugeben und unter gelegentlichem Rühren leise köcheln lassen, bis sie weich sind.

Kurz vor Ende der Garzeit die Kürbisraspel, den Weißwein sowie den geraspelten oder gewürfelten Käse hinzufügen und nochmal kurz zusammen erwärmen. Dabei mit einem Pfannenwender durch Rühren verhindern, dass das Graupenrisotto ansetzt.

Mit dem Salz pikant abschmecken.

SPANISCHE KÜRBIS-FRITTATA

GEEIGNETE SORTEN

- 'Autumn Crown'
- 'Flat White Boer'
- 'Sweet Meat'

ZUTATEN

Für 1 Kastenform

1 kg Kürbisfleisch
1 kg Kartoffeln
Sorte 'Blauer Schwede'
1 Bund Möhren
3 Zwiebeln
4 Eier
2 TL Currypulver
1 TL Kräutersalz

Außerdem

· 1 feuerfeste Kastenform
· Olivenöl zum Andünsten

Vegane Variante
Statt der verquirlten Eier einfach pürierten Seidentofu verwenden.

ZUBEREITUNG

Die Mengen der beteiligten Gemüsearten sind beliebig veränderbar, Hauptsache ist, die Zusammenstellung sieht schön bunt aus mit dem hellgelben Kürbisfleisch, den violettfarbenen Kartoffeln und orangenen Möhren.

Den Kürbis schälen, entkernen und das Kürbisfleisch in mundgerechte Stücke schneiden. Ebenso Kartoffeln und die Möhren schälen bzw. schaben und in gleichgroße Stücke schneiden.

Die Zwiebeln schälen und in kleine Stücke würfeln.

Alle drei Gemüsearten zusammen mit den Zwiebeln in einer großen Pfanne mit etwas Olivenöl anbraten, bis sie al dente sind. Dann in die Auflauf-Kastenform füllen.

Die Eier mit Currypulver und Salz verquirlen, kräftig abschmecken und über das Gemüse gießen. Es sollte so viel Eimasse sein, dass das gesamte Gemüse in der Form davon bedeckt ist.

Die Frittata dann im Backofen bei 160 °C (Umluft) stocken lassen. Sie schmeckt warm und kalt serviert.

FRANZÖSISCHE KÜRBIS-QUICHE

GEEIGNETE SORTEN

- ✓ 'Autumn Crown'
- ✓ 'Fairytale'
- ✓ 'Muscade de Provence'

ZUTATEN

Für 1 Tarteform

Für den Teig
300 g Mehl
200 g Butter
1 Ei
1 gestr. TL Salz

Für den Belag
200 g Kürbisfleisch
200 g Zwiebeln
200 g Schinken
1 Apfel
1 Bund Petersilie
200 g Edamer-Käse
250 g Schlagsahne
5 Eier
1 TL Garam Masala (ind. Gewürzmischung)
1 Prise Salz
Pfeffer

Außerdem
· 1 Tarteform

ZUBEREITUNG

Für den Teig Mehl auf die Arbeitsfläche geben, kalte Butter in Flocken, dazu Salz sowie das Ei und alles rasch zu einem geschmeidigen Teig verkneten. Diesen dann in Folie wickeln und für 30 Minuten kühl stellen.

Für den Belag den Kürbis schälen, entkernen und das Kürbisfleisch raspeln. Die Zwiebeln schälen und in kleine Würfel schneiden, den Schinken ebenfalls würfeln. Petersilie bis auf zwei, drei Stiele waschen und hacken. Den Apfel entkernen und raspeln. Alles zusammen vermengen.

Die Eier mit Sahne, Garam Masala und dem Pfeffer verquirlen. Den Käse reiben und dazugeben.

Nun den Teig zwischen zwei Lagen Backpapier dünn ausrollen und in die Tarteform geben. Das Kürbis-Schinken-Gemisch darauf verteilen und die Eier-Käse-Sahne-Soße darübergießen.

Die Quiche im vorgeheizten Ofen bei 220 °C (Umluft) backen. Die restlichen Petersilienstängel waschen, hacken, drüberstreuen und die Quiche warm servieren.

KÜRBIS-MOUSSE
MIT KÜRBIS-KOMPOTT

GEEIGNETE SORTEN

- 'Australian Butter'
- 'Autumn Crown'
- 'Butternut'
- 'Puccini'
- 'Sampson'

ZUTATEN

Für 4 Personen

Für die Mousse
500 ml Schlagsahne
125 g Mascarpone
200 g Crème fraîche
150 g Naturjoghurt
1 – 3 EL Zucker
3 Blatt Gelatine

Für den Kürbiskompott
500 g Kürbisfleisch
80 g Zucker
3 EL Orangensaft
3 EL Wasser
1 Prise Zimtpulver

Fürs Topping
50 Kürbiskerne
1 Prise Zimtpulver
1 TL Zucker

ZUBEREITUNG

Für die Mousse die Sahne steif schlagen. Die Gelatine in etwas Wasser auflösen und unter die Sahne ziehen, dann die anderen Zutaten hinzufügen und vermengen. Die Mousse in kleinen Schälchen anrichten.

Für den Kürbiskompott das Kürbisfleisch klein schneiden oder würfeln, in einen Topf geben und Orangensaft hinzufügen. Ca. 10 Minuten weich garen, anschließend pürieren und mit Zucker und Zimtpulver nach Belieben süßen.

Fürs Topping gehackte und mit etwas Zucker und Zimtpulver vermischte Kürbiskerne nach Belieben drüberstreuen. Oder wie beim Milchreis (Rezept siehe Seite 92) alles zusammen karamellisieren und drüberstreuen.

KÜRBIS-QUARK-KRAPFEN

GEEIGNETE SORTEN

- 'Butternut'
- 'Delica' (ungeschält)
- 'Hokkaido' (ungeschält)
- 'Sampson'
- 'White Heaven'

ZUTATEN

Für 4 Personen

200 g Kürbisfleisch
300 g Magerquark
75 g Butter
50 g Zucker
2 Eier
250 g Mehl
1 TL Backpulver
20 ml Milch
50 g Kürbiskerne
1 Zitrone

Außerdem

· Fritteuse oder großer Topf
· 2 l Öl zum Ausbacken
· Puderzucker zum Bestreuen

ZUBEREITUNG

Kürbis schälen, entkernen und raspeln. Kürbiskerne hacken, Zitrone abreiben.

Butter und Zucker schaumig rühren. Nach und nach den ausgedrückten Quark, Eier, geraspeltes Kürbisfleisch, gehackte Kürbiskerne, Zitronenabrieb, Mehl, Backpulver und Milch unter die Masse heben.

Öl in einem großen Topf oder in der Fritteuse heiß werden lassen, den Teig zu eigroßen Krapfen formen und diese schwimmend im Fett ausbacken.

Die fertigen Krapfen mit Puderzucker bestäuben und möglichst frisch servieren.

Das Rezept für die vorne abgebildeten Mürbeteigplätzchen findet Ihr auf der Seite 112.

KÜRBIS-DESSERT
MIT FRISCHKÄSE

GEEIGNETE SORTEN

- 'Butternut'
- 'Flat White Boer'
- 'Silver Bell'

ZUTATEN

Für 4 Personen

Für die Kürbismousse
250 g Kürbisfleisch
100 ml Apfelsaft
2 EL Zitronensaft
50 g Zucker
ca. 2 Msp. Zimtpulver (je nach Geschmack)

Für die Frischkäsecreme
200 g Frischkäse
4 EL Milch
1 TL Zitronensaft
50 g Zucker
ca. 1 Msp. Zimtpulver (je nach Geschmack)
100 g Sahne

Für den Lebkuchenboden
100 g Lebkuchen

Fürs Topping
50 g Kürbiskerne
2 EL Zucker
1 TL Zimtpulver

Außerdem
· Dessertgläser

ZUBEREITUNG

Das geputzte sowie schalenfreie Kürbisfleisch klein schneiden und mit dem Apfelsaft, Zitronensaft und Zucker ca. 5 Minuten weichkochen. Dann pürieren, mit Zimtpulver abschmecken und abkühlen lassen. Nun den Frischkäse mit der Milch, dem Zucker, Zitronensaft und etwas Zimtpulver verrühren. Sahne steif schlagen und unterheben. Den Lebkuchen hacken und im Blitzhacker fein mahlen.

Dann die einzelnen Komponenten in vier Dessertgläser schichten, zuerst die Lebkuchenstreusel, als nächstes die Frischkäsecreme und zum Schluss die Kürbismousse.

Fürs Topping gehackte und mit etwas Zucker und Zimtpulver in der Pfanne karamellisierte Kürbiskernstreusel nach Belieben drüberstreuen.

WECK

MILCHREIS MIT KÜRBISCREME

GEEIGNETE SORTEN

- ✔ 'Fairytale'
- ✔ 'Piena di Napoli'
- ✔ 'Pink Jumbo Banana'
- ✔ 'Sucrine du Berry'

ZUTATEN

Für 4 Personen

Für den Milchreis
1 l Milch
40 g Zucker
1 Pck. Vanillezucker
250 g Rundkornreis
250 ml Sahne
1 EL Zucker

Für die Kürbiscreme
400 g Kürbisfleisch
2 EL Zitronensaft
100 – 200 ml Apfelsaft

Fürs Topping
50 g Kürbiskerne
2 EL Zucker
1 TL Zimtpulver

ZUBEREITUNG

Die Milch mit dem Zucker und Reis zu einem klassischen Milchreis kochen und kalt stellen. Anschließend die Sahne mit etwas Zucker aufschlagen und unter den erkalteten Reis geben.

Für die Kürbiscreme den Kürbis schälen, entkernen und das Kürbisfleisch klein schneiden, in einen Topf geben, den Zitronensaft und Apfelsaft je nach Bedarf nach und nach hinzufügen und langsam kochen.

Ist der Kürbis weich, alles grob pürieren und entweder warm oder kalt zum Milchreis geben.

Fürs Topping gehackte und mit etwas Zucker und Zimtpulver vermengte Kürbiskerne nach Belieben drüberstreuen.

TIPP: *Besonders raffiniert ist es, wenn man die gehackten Kürbiskerne zuvor in einer leicht gefetteten Pfanne mit etwas Zucker und Zimtpulver karamellisiert hat.*

LINZER SCHNITTEN

MIT KÜRBIS

GEEIGNETE SORTEN

- 'Bon Bon'
- 'Hokkaido' (ungeschält)
- 'White Heaven'

u. ä.

ZUTATEN

Für ein Backblech (30 x 40 cm)

Für den Teig

400 g Mehl
2 gestr. TL Backpulver
200 g Zucker
2 Pck. Vanillezucker
2 gestr. TL Zimt
1 Ei
50 g Butter
200 g Kürbiskerne

Für den Belag

3 EL Kürbismarmelade
(Rezept siehe Seite 120)
1 Eigelb

Außerdem

· Backblech
· Butter zum Fetten des Backblechs
· Puderzucker zum Bestreuen

Vegane Variante
Statt Butter Pflanzenmargarine verwenden und das Ei beispielsweise durch 2 – 3 EL Apfelmus ersetzen.

ZUBEREITUNG

Die Kürbiskerne mahlen. Dann alle Zutaten für den Teig gut miteinander verkneten. Knapp die Hälfte des Teigs auf einem Backblech ausrollen.

Die Kürbismarmelade auf dem Teig verteilen. Den übrigen Teig ausrollen, in Streifen schneiden und gitterartig auf den mit Marmelade bestrichenen Teig legen. Das Gitter mit dem Eigelb bestreichen. Das Blech in den auf 160 °C vorgeheizten Ofen geben und 20 bis 30 Minuten backen.

Den Kuchen im noch heißen Zustand in kleinere Schnitten schneiden. Vor dem Servieren mit Puderzucker bestäuben.

NUSSIGER KÜRBISKUCHEN

GEEIGNETE SORTEN

- ✔ 'Delica' (ungeschält)
- ✔ 'Hokkaido' (ungeschält)
- ✔ 'Tetsukabuto'

oder andere mehlige Sorten

ZUTATEN

Für 1 Kasten-Backform (12 x 30 cm)

4 Eier
150 g Zucker
100 g Walnusshälften
250 g Kürbisfleisch
70 g Sonnenblumenöl
200 g Mehl
2 TL Backpulver
1 Prise Salz

Außerdem

- · Butter oder Öl zum Einfetten
- · Puderzucker zum Bestäuben
- · Kasten-Backform

ZUBEREITUNG

Den Backofen auf 180 °C vorheizen. Eine Backform einfetten.

Die Walnüsse mahlen. Das Kürbisfleisch in kleine Stücke schneiden, dann im Mixer zerkleinern.

Eier, Zucker und Öl zugeben und alles gut verrühren.

Mehl, Backpulver, Salz und zerkleinerte Walnüsse zugeben und ebenfalls gut verrühren. Den Teig nun in die vorbereitete Kastenform geben und ca. 50 Minuten backen.

Kuchen abkühlen lassen, mit Puderzucker bestäuben und in 12 Scheiben schneiden.

KÜRBIS-BLECHKUCHEN

GEEIGNETE SORTEN

- 'Butternut'
- 'Delica' (ungeschält)
- 'Hokkaido' (ungeschält)

ZUTATEN

Für ein Backblech (30 x 40 cm)

600 g Kürbisfleisch
3 Eier
1 Pck. Vanillezucker
400 g Zucker
200 ml Rapsöl
2 TL Zimtpulver
500 g Mehl
150 g Haselnüsse
1 Pck. Backpulver
1/2 TL Salz

Außerdem

· 1 Backblech
· Fett zum Einfetten des Blechs
· Puderzucker zum Bestäuben

Vegane Variante
Als vegane Alternative statt der Eier eine pürierte Banane und 3 EL ungesüßten Apfelmus verwenden.

ZUBEREITUNG

Den Kürbis schälen ('Delica' und 'Hokkaido' können mit Schale verwendet werden), entkernen und das Kürbisfleisch raspeln.

Eigelb, Zucker, Vanillezucker, Öl und Zimtpulver schaumig rühren, dann das geraspelte Kürbisfleisch dazugeben. Haselnüsse mahlen und dazugeben, ebenso Mehl, Backpulver und Salz untermischen.

Eiweiß zu steifem Eischnee schlagen und vorsichtig unterheben.

Den Teig auf das gut gefettete Backblech geben, gleichmäßig verteilen und bei 180 °C im vorgeheizten Backofen 25 bis 30 Minuten backen.

Wenn der Kuchen ausgekühlt ist, mit Puderzucker bestäuben.

TIPP: *Wer mag, kann auch die Haselnüsse gegen Kokosraspeln austauschen.*

Lecker schmeckt es, wenn
die Hälfte der Pflaumen
durch entsprechend große
Kürbisfleischstückchen
ersetzt wird!

KÜRBIS-PFLAUMENKUCHEN

GEEIGNETE SORTEN

- 'Blue Heaven'
- 'Bon Bon'
- 'Flat White Boer'
- 'Hokkaido' (ungeschält)
- 'White Heaven'

ZUTATEN

Für eine Kuchenform (Ø 25 cm)

100 g Butter
100 g Zucker
2 g Salz
3 g Vanillezucker
5 g Zimtpulver
3 Eier
5 g Zitronensaft
170 g Mehl
10 g Backpulver
120 g Kürbispüree
550 g entsteinte Pflaumen

Fürs Topping

Puderzucker zum Bestäuben
Pistazien gemahlen

Außerdem

· Springform
· Butter zum Fetten der Form
· Backblech
· Backpapier

ZUBEREITUNG

Für das Kürbispüree ein Backblech mit Backpapier versehen. Den Kürbis vierteln und entkernen, dann aufs Backblech geben und auf mittlerer Einschubleiste bei 140 °C ca. 35 bis 40 Minuten lang garen. Das Kürbisfleisch von der Haut kratzen, entsprechend abwiegen und pürieren. Die Butter zusammen mit dem Zucker und den Gewürzen schaumig aufschlagen. Nach und nach die Eier dazugeben, anschließend das Kürbispüree. Alles zu einer glatten Masse verrühren.

Nun das Mehl und Backpulver unterheben und die Teigmasse in eine mit Backpapier ausgelegte Springform geben.

Mit den Pflaumen belegen und bei 175 °C im Backofen ca. 45 Minuten backen.

Den Kuchen auskühlen lassen und aus der Form nehmen. Nach Belieben verzieren, zum Beispiel mit Puderzucker bestäuben und/oder mit gemahlenen Pistazien bestreuen.

TIPP: *Dieser Kürbis-Pflaumenkuchen schmeckt besonders gut im noch warmen Zustand und mit Schlagsahne getoppt.*

Kürbis

PUMPKINSPICE-CHEESECAKE

GEEIGNETE SORTEN

- 'Autumn Crown'
- 'Butternut'

ZUTATEN

Für eine Kuchenform (Ø 24–26 cm)

Für den Boden

1/2 TL Zitronenabrieb einer unbehandelten Zitrone
100 g Butterkekse
35 g Butter

Für die Cheesecake-Creme

300 g Frischkäse
3 EL Zitronensaft
120 g Kürbispüree
500 g Sahnequark
2 Eier
1/2 TL Zitronenabrieb einer unbehandelten Zitrone
1 Pck. Bourbon-Vanillezucker
3 g Salz
5 g Pumpkinspice-Gewürz
120 g Zucker
50 g Mehl

Fürs Topping

Puderzucker zum Bestäuben
trockene Lavendelblüten

Außerdem

· Springform
· Backpapier zum Auslegen der Form
· Backblech

ZUBEREITUNG

Für das Kürbispüree ein Backblech mit Backpapier versehen. Den Kürbis vierteln und entkernen, dann aufs Backblech geben und auf mittlerer Einschubleiste bei 140 °C ca. 35 bis 40 Minuten lang garen. Das Kürbisfleisch von der Haut kratzen und pürieren.

Die Butterkekse grob zerbröckeln und die Butter in einem Topf bei schwacher Hitze auf dem Herd schmelzen lassen. Keksbrösel sowie den Zitronenabrieb zur Butter geben und alles gleichmäßig krümelig durcharbeiten.

Den Boden einer Springform mit Backpapier auslegen. Die Krümel-Butter-Mischung darin gleichmäßig verteilen und leicht andrücken. Den Backofen auf 180 °C vorheizen.

Für die Creme den Frischkäse mit dem Sahnequark, Zitronensaft, Kürbispüree, den Eiern, dem Zitronenabrieb, dem Gewürz, Vanillezucker und Zucker in eine Rührschüssel geben. Alles zu einer glatten Creme verquirlen. Das Mehl in ein feines Sieb geben, gleichmäßig über die Creme sieben und gründlich unterrühren. Die Cheesecake-Creme auf den Teigboden füllen und glatt streichen.

Den Kuchen dann im vorgeheizten Backofen bei 165 °C auf der mittleren Schiene ca. 45 Minuten zartgoldgelb backen.

Anschließend auskühlen lassen und nach Belieben verzieren, z. B. mit Puderzucker und trockenen Lavendelblüten.

TIPP: *Lustig ist es, wenn Ihr diesen Kuchen mithilfe von flüssiger Schokolade beschreibt, z. B. mit „Kürbis“ oder dem Namen eines Geburtstagskindes.*

SAFTIGER KÜRBISKUCHEN

GEEIGNETE SORTEN

- 'Australian Butter'
- 'Pink Jumbo Banana'
- 'Sweet Meat' u. ä.

ZUTATEN

Für 1 Springform (Ø 28 cm)

Für den Teig
200 g Dinkelmehl (Type 630)
300 g Kürbisfleisch
200 g Äpfel
150 g Haferflocken
1/2 TL Muskatnusspulver
340 g brauner Zucker
5 Eier
150 g Öl
1 TL Natron

Fürs Topping
220 g Zucker
50 g Butter
60 g Frischkäse
10 g Zitronensaft
50 g Pekannüsse

Außerdem
· Thermomix®
· Butter oder Öl zum Einfetten
· Mehl zum Bemehlen der Springform

ZUBEREITUNG

Backofen auf 170 °C vorheizen. Die Springform einfetten und bemehlen.

Kürbis schälen, entkernen und das Kürbisfleisch in kleine Stücke schneiden, die Äpfel vierteln, dann zusammen in den Mixtopf geben und 10 Sekunden/Stufe 5 zerkleinern. Kuchen dann in der Form 15 Minuten abkühlen lassen, danach aus der Form nehmen und auf einem Kuchengitter vollständig auskühlen lassen.

Haferflocken, Muskatnusspulver, Zucker, Eier und Öl zugeben und 10 Sekunden im Linkslauf/Stufe 4 vermischen. Mehl und Natron zugeben und 10 Sekunden im Linkslauf/Stufe 4 vermischen. Dann den Teig in die vorbereitete Springform geben und 50 bis 55 Minuten backen.

Fürs Topping Zucker in den gespülten Mixtopf geben und 20 Sekunden/Stufe 10 pulverisieren. Butter in Flöckchen, Frischkäse und Zitronensaft zugeben und 30 Sekunden/Stufe 4 vermischen.

Pekannüsse hacken und leicht anrösten. Abgekühlten Kuchen mit dem Guss bestreichen und Pekannüsse darauf verteilen. Kuchen im Kühlschrank komplett abkühlen lassen, dann vor dem Servieren in ca. 16 Stücke schneiden.

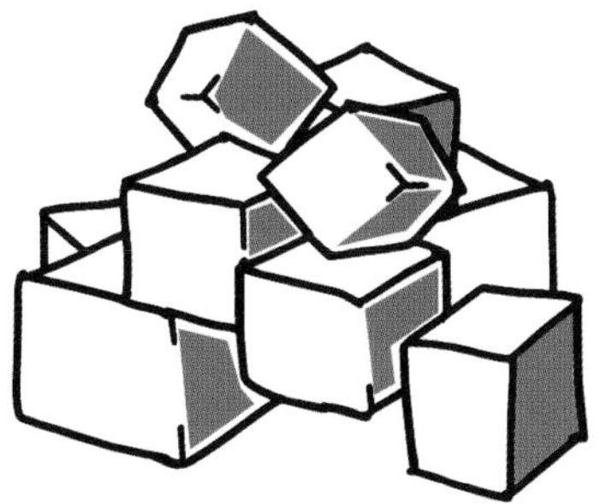

TIPP: *Die Zuckermenge im Teig kann ggf. reduziert werden.*

Dies ist ein klassisches Käsekuchen-Rezept, das ohne Boden auskommt.

BASKISCHER KÜRBIS-KÄSEKUCHEN

GEEIGNETE SORTEN

- ✔ 'Hokkaido' (ungeschält)
- ✔ 'Sonca'
- ✔ 'Sucrine du Berry'
- ✔ 'Trombolino d'Albenga'

ZUTATEN

Für eine Backform (Ø 23 cm)

Für die gelbe Käsemasse
600 g Frischkäse
300 g Zucker
4 Bio-Eier
100 g Weizenmehl
1 Prise Salz
500 g Kürbispüree

Für die dunkle Käsemasse
250 ml Sahne
2 TL Vanilleextrakt
2 TL Zimtpulver
½ TL Nelkenpulver
½ TL Muskatnusspulver
100 g Schokoperlen
1 Prise Salz

Fürs Topping
Schoko- oder Karamellsoße

Außerdem
- Backform
- Butter zum Einfetten der Form
- Backpapier
- 2 EL brauner Zucker zum Drüberstreuen

ZUBEREITUNG

Den Backofen auf 240 °C vorheizen. Die Backform leicht einfetten und mit Backpapier auslegen.

Für das Kürbispüree den 'Hokkaido'-Kürbis waschen und entkernen, er bleibt ungeschält, andere Kürbisse schälen und entkernen. Beide dann in kleine Stücke schneiden. Die Kürbisstücke in einem Topf mit Wasser weich kochen. Sobald der Kürbis weich ist, das Wasser abgießen und die Kürbismasse zu einem feinen Püree pürieren. Abkühlen lassen.

In einer großen Schüssel den Frischkäse mit dem Zucker cremig rühren. Die Eier einzeln hinzufügen und gut verrühren. Das Weizenmehl und eine Prise Salz hinzufügen, ebenso das Kürbispüree. Alles vorsichtig unterrühren, bis ein glatter Teig entsteht.

Nun die Hälfte der gelben Frischkäsemasse abnehmen. In diese die Sahne, die Schokoperlen, den Vanilleextrakt und die Gewürze zugeben und alles gut vermengen.

Diese dunkle Masse in die vorbereitete Backform gießen, darüber die gelbe, dann beide Schichten mit einer Gabel leicht vermengen und glatt streichen. Anschließend etwas braunen Zucker auf den Kuchen geben.

Den Kuchen im vorgeheizten Backofen bei 240 °C etwa 30 Minuten backen, bis die Oberfläche goldbraun ist und ein eingesteckter Holzpiekser sauber herauskommt. Den Kuchen aus dem Ofen nehmen. Für mindestens 4 Stunden, besser über Nacht, im Kühlschrank fest werden lassen. Dann erst den Kuchen aus der Form heben.

TIPP: *Vor dem Servieren mit Schoko- oder Karamellsoße beträufeln.*

KÜRBIS-CAKEPOPS

GEEIGNETE SORTEN

✓ alle Kürbissorten, die sich für Marmelade eignen

ZUTATEN

Für 35 Cakepops

Für den Schokoteig
100 g Kakao
110 g flüssige Butter
125 g Rapsöl
240 g Wasser
300 g Zucker
225 g Mehl
10 g Backpulver
120 g Milch
2 Eier
100 g Kürbismarmelade (Rezept Seite 120)

Für die Glasur
500 g weiße Schokolade
1 EL Kokosöl

Für die Fertigstellung
35 Cakepop-Stiele
150 g Zucker
100 g Wasser
200 g Kürbiskerne

Außerdem
· Backpapier
· Kastenform

ZUBEREITUNG

Die Zutaten für den Schokoteig in einer Schüssel zusammen verrühren. Anschließend den Teig in eine Kastenform füllen und im Backofen bei 175 °C ca. 35 Minuten backen.

Den Kuchen abkühlen lassen, dann in einer Schüssel zerbröseln und und mit Kürbismarmelade formbar kneten. Jeweils 35 g schwere Teigstücke abwiegen, diese in der Hand zu einer Kugel rollen.

Weiße Schokolade in eine Metallschüssel geben und in einem Wasserbad bei ca. 40 °C schmelzen lassen. Dann Kokosöl dazugeben. Die Schokolade durchrühren und auf 30 °C abkühlen lassen.

Die Cakepop-Stiele ca. 1 cm in die Schokolade tauchen, bis zum Anschlag vorsichtig in die Kuchenkugeln stecken und hierin aushärten lassen. Dann die Cakepops ganz in die flüssige Schokolade tauchen, kurz abtropfen lassen, auf ein Backpapier stellen oder in Styropor stecken.

Zucker mit Wasser aufkochen, die Kerne dazugeben und karamellisieren. Dann auskühlen lassen. Die Cakepops nach Belieben damit verzieren und im Kühlschrank aushärten lassen.

KÜRBISPRALINEN
ZARTBITTER

GEEIGNETE SORTEN

- 'Autumn Crown'
- 'Hokkaido'
- 'Puccini'

ZUTATEN

Für 40 Pralinen

Für die Ganache
100 g Kürbispüree
200 g Karamell-Schokolade
25 g Honig
1 Prise Salz
100 g Wodka
40 Mandarinensaft
4 g Vanillezucker
4 g Zitronensaft

Außerdem
· Pralinenform
· Kakaobutter zum Betupfen der Form
· 500 g Zartbitterschokolade zum Ausgießen

Vegane Variante
Als vegane Alternative statt des Honigs mit Agavendicksaft süßen, die Formen mit Pflanzenöl einfetten und vegane Schokoladen verwenden.

ZUBEREITUNG

Für das Kürbispüree ein Backblech mit Backpapier versehen. Den Kürbis vierteln und entkernen, dann aufs Backblech geben und auf mittlerer Einschubleiste bei 140 °C ca. 35 bis 40 Minuten lang garen. Das Kürbisfleisch von der Haut kratzen und pürieren. Dann das Püree mit dem Mandarinen- und Zitronensaft, Honig, Zucker und Salz aufkochen.

Karamell-Schokolade in eine Schüssel geben und zerkleinern, die heiße Flüssigkeit zusammen mit dem Wodka darüber geben und alles verrühren, bis eine Emulsion entsteht. Die Ganache in einen Spritzbeutel füllen und auf ca. 25 °C abkühlen lassen.

Die Pralinenform polieren und mit flüssiger Kakaobutter betupfen.

Die Zartbitterschokolade hacken, in eine Metallschüssel geben und im Wasserbad auflösen lassen. Die Masse auf 31 °C abkühlen lassen. In die Pralinenform gießen, erkalten lassen und nach ca. 5 Minuten abgießen. Die Ganache nun in die einzelnen Pralinen spritzen, dabei nicht ganz bis oben hin befüllen. Als letzte abschließende Schicht die nochmals leicht erwärmte Zartbitterschokoladenmasse einfüllen. Alles vollständig erkalten lassen. Die Pralinen vorsichtig aus der Form klopfen und diese bei 16 bis 20 °C lagern.

KÜRBISKERN-PLÄTZCHEN

GEEIGNETE SORTEN

- 'Hokkaido' (ungeschält)
- 'Sonca'
- 'Sucrine du Berry'

ZUTATEN

Für ca. 40 Stück

250 g Mehl
100 g Zucker
1 Pck. Vanillezucker
1 Msp. Backpulver
1 Prise Salz
1 Ei
150 g Butter
60 g Kürbiskerne

Außerdem

- 1 Eiweiß zum Bestreichen
- Backblech
- Backpapier

ZUBEREITUNG

Die Kürbiskerne fein mahlen. Mehl, Zucker, Vanillezucker, Backpulver, Salz, Ei und die kalte Butter zügig zu einem Mürbeteig verkneten.

Die Teigmenge halbieren und die gemahlenen Kürbiskerne unter eine Hälfte kneten.

Den hellen Teig zu einem Rechteck (ca. 20 x 30 cm) ausrollen und mit etwas Eiweiß bestreichen. Die andere Teighälfte ebenfalls ausrollen, auf den hellen Teig legen und ebenso mit etwas Eiweiß bestreichen.

Die Teigplatte nun von der längeren Seite her eng aufrollen und für mindestens 2 Stunden kalt stellen – am besten über Nacht.

Anschließend die Rolle mit einem scharfen Messer in 0,5 cm dicke Scheiben schneiden, diese auf das mit Backpapier belegte Backblech legen.

Alle Plätzchen mit Eiweiß bestreichen und anschließend im Backofen bei 180 °C 15 Minuten backen.

Vegane Variante
Statt Ei und Butter entsprechende vegane Ersatzprodukte verwenden.

PUMPKIN COOKIES

GEEIGNETE SORTEN

- 'Australian Butter'
- 'Blue Heaven'
- 'Shokohichi Shiro Grey'
- 'Shokohichi Shiro Red'
- 'Tetsukabuto'

ZUTATEN

Für 45 Cookies

Für den Teig
280 g Mehl
1 TL Natron
1 TL Salz
250 g Butter
260 g braunen Zucker
150 g Kürbispüree
100 g Kürbisfleisch
2 Eier
150 g Chocolate Chunks-Zartbitter

Außerdem
· 1 Backblech
· Backpapier

ZUBEREITUNG

Das Kürbispüree möglichst aus der Sorte 'Australian Butter' vorbereiten. Dazu ein Backblech mit Backpapier versehen. Den Kürbis vierteln und entkernen, dann aufs Backblech geben und auf mittlerer Einschubleiste bei 140 °C ca. 35 bis 40 Minuten lang garen. Das Kürbisfleisch von der Haut kratzen und pürieren.

Nun die weiche Butter mit dem Zucker schaumig rühren, die Eier hinzugeben und ca. 3 Minuten schaumig rühren.

Das Kürbispüree hinzufügen und vermengen. Nach und nach das Mehl, Salz und Natron hinzugeben und gut verrühren.

Sobald die Masse glatt gerührt ist, vorsichtig die Chocolate Chunks und das geraspelte Kürbisfleisch unterheben.

Die Masse mit zwei Esslöffeln zwetschgengroß auf ein mit Backpapier ausgelegtes Blech anhäufen und bei 170 °C für 11 Minuten backen.

Danach die Cookies gut auskühlen und aushärten lassen, bevor sie vom Blech genommen werden.

KÜRBIS-CUPCAKES

GEEIGNETE SORTEN

- 'Australian Butter'
- 'Autumn Crown'
- 'Miss Sophie Pink'
- 'Puccini'

ZUTATEN

Für 8 Cupcakes

Für die Cupcakes
125 g Butter
120 g Zucker
150 g Kürbispüree
300 g Mehl
2 TL Backpulver
1 Prise Salz
2 Eier
150 g Milch

Für die Creme
400 g Vanillepudding
75 g Zucker
300 g Butter
100 g Kürbispüree

Außerdem
· Muffinformen
· Spritzbeutel

ZUBEREITUNG

Für das Kürbispüree ein Backblech mit Backpapier versehen. Den Kürbis vierteln und entkernen, dann aufs Backblech geben und auf mittlerer Einschubleiste bei 140 °C ca. 35 bis 40 Minuten lang garen. Das Kürbisfleisch von der Haut kratzen und pürieren. Die Butter mit dem Zucker schaumig rühren.

Eier hinzugeben und weitere 3 Minuten schaumig rühren. Anschließend das Kürbispüree hinzugeben.

Mehl, Salz und Backpulver vermengen und nach und nach unter ständigem Rühren hinzufügen.

Sobald die Masse glatt ist, den Teig vorsichtig in Muffinformen füllen und im Backofen bei ca. 180 °C für 25 Minuten backen. Danach erst auskühlen lassen, da sonst die Creme schmilzt.

Für die Creme die Butter aufschlagen, dann den Zucker dazu geben. Anschließend nach und nach den Pudding unter ständigem Schlagen dazugeben. Die Creme ist fertig, wenn sie einen guten Stand hat. Auch hierfür das zweite Kürbispüree erstellen. Dieses dann im abgekühlten Zustand unter die Creme mischen. Anschließend für kurze Zeit kalt stellen.

Dann die Creme in einen Spritzbeutel füllen und auf die Muffins nach Belieben auftragen.

KÜRBISWAFFELN
MIT KÜRBISSCHOKOLADE

GEEIGNETE SORTEN

- ✔ 'Autumn Crown'
- ✔ 'Butternut'
- ✔ 'Delica' (ungeschält)
- ✔ 'Longue de Nice'
- ✔ 'Puccini'

ZUTATEN

Für 5 Portionen

Für den Waffelteig

250 g Kürbisfleisch
4 Eier
100 g Butter
100 g Zucker
1 Prise Salz
100 ml Sahne
100 ml Mineralwasser mit Kohlensäure
250 g Mehl
1/2 TL Backpulver

Für die Kürbisschokolade

250 g Kürbisfleisch
500 ml Milch
1/2 TL Zimtpulver
1/2 TL Ingwerpulver
250 g Vollmilchschokolade
2 EL Puddingpulver

Außerdem

- 1 Waffeleisen
- Öl fürs Waffeleisen
- Puderzucker zum Bestäuben

ZUBEREITUNG

Zunächst die Soße herstellen. Dazu den Kürbis schälen (außer 'Delica'), entkernen und das Kürbisfleisch in kleinere Stücke schneiden. Diese in etwas Wasser weich kochen. Das Kochwasser dann wegschütten, das weiche Kürbisfleisch pürieren. Die Milch zusammen mit dem Kürbispüree und den Gewürzen in einem Topf erhitzen, aber nicht kochen lassen. Ist alles heiß und durchmischt, den Topf vom Herd nehmen und die in Stücke gebrochene Schokolade hinzufügen. So lange rühren, bis die Schokolade geschmolzen ist. Bis zum Servieren noch warm halten.

Für den Waffelteig den Kürbis schälen (außer 'Delica'), entkernen und das Kürbisfleisch raspeln.

Eier, Butter, Zucker und Salz schaumig rühren, Sahne und Mineralwasser hinzufügen und weiterrühren.

Mehl und Backpulver dazu sieben und alles zu einem glatten Teig verrühren. Zuletzt die Kürbisraspeln unterheben. Anschließend jeweils 2 EL Teig im vorgeheizten und mit Öl ausgestrichenen Waffeleisen ausbacken.

Die fertigen Waffeln mit der Schokoladensoße beträufeln und mit Puderzucker bestäubt servieren.

TIPP: *Durch das Zimt- und Ingwerpulver hat die Schokoladensoße ein leicht weihnachtliches Aroma. Wer das nicht mag, lässt diese Gewürze einfach weg.*

BIO KÜRBIS-FRUCHTAUFSTRICH
HOF LIGGES
ALLES GUTE VOM HOF!
• Muscade de Provence •
Nº 9
Bioland
195 g
LIKA U. Ligges, Afferder Str. 1
59174 Kamen • www.hof-ligges.de
Zutaten:
66,2 % Bio Kürbisfleisch,
30 % Bio Rübenzucker,
3,8 % Bio Zitronensaft,
Bio-Tresterbrand (Grappa),
Geliermittel: Apfelpektin
DE-ÖKO-006
EU-Landwirtschaft
Mindestens
haltbar bis:

KÜRBIS-MARMELADE „OMAS LIEBLING"

GEEIGNETE SORTEN

- 'Butternut'
- 'Futsu Black Rinded'
- 'Hokkaido' (ungeschält)
- 'Longue de Nice'
- 'Melonette Jaspee de Vendee'
- 'Muscade de Provence'
- 'Piena di Napoli'
- 'Pink Jumbo Banana'
- 'Sampson'
- 'Star'
- 'Sucrine du Berry'
- 'Tetsukabuto'

ZUTATEN

Für 4 – 6 Marmeladengläser à 200 ml

500 g Kürbisfleisch
500 g Gelierzucker (1:1)
Saft von 2 Zitronen
evtl. 1 Schuss Grappa

Außerdem

· 4 – 6 Twist-off-Gläser

ZUBEREITUNG

Den Kürbis schälen, entkernen, das Kürbisfleisch fein würfeln und die Zitronen auspressen.

Kürbisfleisch, Zitronensaft und Gelierzucker in einem großen Topf unter Rühren aufkochen, weitere 5 Minuten köcheln lassen.

Dann in die heiß ausgespülten Gläser füllen, evtl. einen Schuss Grappa hinzugeben und die Gläser verschließen.

Vegane Bio-Variante
1 kg Kürbisfleisch
500 g Bio-Zucker
10 g Apfelpektin
Saft von 1 Zitrone
evtl. 1 Schuss Grappa

Pektin mit 1/4 vom Bio-Zucker vermischen, beides 1 Minute aufkochen lassen. Den restlichen Zucker zugeben und nochmal 4 Minuten sprudelnd aufkochen lassen. Zitronensaft und Grappa zufügen und heiß in die Gläser füllen.

KÜRBIS-AUFSTRICH „LIGHT"

GEEIGNETE SORTEN

Fruchtige Sorten wie z. B.

- 'Sucrine du Berry'
- 'Melonette Jaspee de Vendee'
- 'Muscade de Provence'

ZUTATEN

Für 6 Marmeladengläser à 200 ml

800 g Kürbisfleisch
1 Apfel
280 g Gelierzucker (1:3)
200 ml heller Traubensaft
150 ml Wasser

Außerdem

· 6 Marmeladengläser

ZUBEREITUNG

Kürbis schälen, halbieren und mit einem Löffel die Kerne herausschaben. Fruchtfleisch in ca. 1,5 cm große Würfel schneiden. Apfel schälen, entkernen und in kleine Stücke schneiden.

Fruchtstücke in einen großen Topf geben, Traubensaft hinzugeben und ca. 20 Minuten unter ständigem Rühren bei mittlerer Temperatur weich köcheln.

Die Masse mit einem Stabmixer fein pürieren. Gelierzucker dazugeben und alles gut durchrühren. Anschließend ca. 1 Stunde durchziehen lassen.

Danach alles unter Rühren bei starker Hitze zum Kochen bringen und ca. 3 Minuten sprudelnd kochen. Gelierprobe machen: Dazu zwei Teelöffel heiße Kürbismarmelade auf einen kleinen Teller geben. Die Fruchtmasse sollte nach ein bis zwei Minuten Abkühlzeit dicklich bis fest geworden sein. Ist die Festigkeit nicht ausreichend, die Fruchtmasse länger kochen lassen und die Gelierprobe wiederholen.

Marmelade dann heiß in die zuvor heiß ausgespülte saubere Gläser füllen, verschließen und auskühlen lassen.

Die 72 besten Speisekürbis-Sorten

'AUSTRALIAN BUTTER'

Cucurbita maxima

Für Marmeladen, Suppen, Pürees, Kuchen, zum Dämpfen, Braten, Frittieren

Lagerzeit: 4 Monate

Merkmale: lachsfarben, mit Turban-ähnlichem Aussehen, 4 bis 5 kg schwer

Fruchtfleisch: dunkelorange, trocken, mit feiner, leichter Süße, beste Speisequalität

'HOKKAIDO'

Cucurbita maxima, 'Uchiki Kuri'

Für Suppen, Kuchen, Gnocchis, Pürees, im Ofen, zum Füllen, Dämpfen, Backen

Lagerzeit: 3 bis 7 Monate

Merkmale: sehr beliebte Sorte

Fruchtfleisch: gelb-orange, dick, fest, feinkörnig, mehlig bis trocken, mit süßem, feinem Geschmack, reich an Karotin, hoher Vitamin A-Gehalt, Schale kann mit verarbeitet werden

'GOLDEN NUGGET'

Cucurbita maxima

Für Suppen, Pürees, im Ofen, zum Füllen, Dämpfen, Überbacken

Lagerzeit: 2 bis 4 Monate

Merkmale: wird auch kleines Goldstück genannt, Früchte flachrund, selten tropfenförmig

Fruchtfleisch: orange, fein-körnig, etwas mehlig, gute Speisequalität mit feinem, unaufdringlichem Aroma, Schale nicht zum Verzehr geeignet, ideale Portionsgröße

'SHOKICHI SHIRO RED'

Cucurbita maxima

Für Pürees, Suppen, ideal zum Füllen, Dämpfen, Braten, Backen, zum Dekorieren, als ganze Frucht gegart, im Ofen

Lagerzeit: 3 bis 6 Monate

Merkmale: rot, Mini-Kürbis, sehr schöne Früchte, ähnlich `Hokkaido`, 400 bis 600 g schwer, gute Portionsgröße

Fruchtfleisch: gelb, fest, fein-körnig, mehlig, leicht süßes Marroni-Aroma, gute Speisequalität, Schale kann mit verarbeitet werden

'PINK JUMBO BANANA'
Cucurbita maxima
Für Pürees, Gratins, Aufläufe, Suppen, Chutneys, Kuchen, Marmeladen, süß-saure Gerichte, als Gemüse, zum Dämpfen, Frittieren, Braten, im Ofen
Lagerzeit: 5 bis 7 Monate
Merkmale: länglich, rosafarbig, Lagerung bei Wärme verändert Farbe und steigert das Aroma, längliche Samenhöhle
Fruchtfleisch: hellgelb bis orange, dick, trocken, fest, feiner süßer Geschmack, ausgezeichnete Speisequalität
'INDIAN DOLL'
Cucurbita maxima
Für Suppen, im Ofen, zum Braten, Dämpfen, Frittieren
Lagerzeit: 5 Monate
Merkmale: besticht mit seiner einzigartigen orange-rosa Farbe, stark gerippt, hochrunde Form, hoher Dekorationswert, bis 10 kg schwer
Fruchtfleisch: dunkelorange, trocken, leicht süßlich, hervorragende Speisequalität
'GOLDEN DELICIOUS'
Cucurbita maxima
Für Suppen, Pürees, Kuchen, Brote, Gnocchis, im Ofen, zum Dämpfen
Lagerzeit: 4 Monate
Fruchtfleisch: dunkelgelb-orange, fest, kompakt, leicht mehlig, sehr feine Struktur, wegen des sehr hohen Vitamingehalts ideal als Kleinkindernahrung, Schale kann mit verarbeitet werden
'JUSTYNKA'
Cucurbita maxima
Für Kuchen, Suppen, Pürees, Aufläufe, zum Dämpfen, Braten, Füllen, im Ofen
Lagerzeit: aufgrund der harten Schale länger lagerbar, 6 bis 8 Monate
Merkmale: rosa-orangefarbig, 2,5 bis 3,5 kg schwer, feste Schale
Fruchtfleisch: dunkelorange, fest, hervorragend feiner süßlicher Geschmack, reich an Karotin, exzellente Speisequalität, Schale nicht zum Verzehr geeignet

'MANDARIN'
Cucurbita pepo, 'Jack-B-Little'
Für Suppen, Pürees, Mikrowellenzubereitung, zum Füllen, Backen, Frittieren, als ganze Frucht gegart, zum Dekorieren
Lagerzeit: 3 bis 7 Monate
Merkmale: erinnert in Aussehen und Farbe an Mandarinen, oft auch zu Dekozwecken verwendet
Fruchtfleisch: orange, mit süßem, feinem Nussaroma
'BABY BOO'
Cucurbita pepo, 'Jack-B-Little'
Für Suppen, Pürees, Mikrowellenzubereitung, zum Füllen, Backen, Frittieren, als ganze Frucht gegart, zum Dekorieren
Lagerzeit: 3 bis 7 Monate
Merkmale: schöne Minisorte, kleinster weißer Speisekürbis mit hohem Dekorationswert, mit zunehmender Reife ins Beigefarbene wechselnd
Fruchtfleisch: hellgelb, leicht mehlig, knackig, mit feinem Nuss- und Marroni-Aroma
'ROCKET'
Cucurbita pepo, Halloween-Kürbis
Für Suppen, zum Dekorieren, Schnitzen
Lagerzeit: 4 Monate
Merkmale: hochrund, leicht gerippt, kräftig orange, harte Schale
Fruchtfleisch: orangegelb, neutraler Kürbisgeschmack
'HARVEST PRINCESS'
Cucurbita pepo, Halloween-Kürbis
Für Suppen, Pies, zum Dekorieren, Schnitzen
Lagerzeit: 3 bis 6 Monate
Merkmale: hübsche Sorte, flachrund, leicht gerippt
Fruchtfleisch: orange
'FIELD TRIP'
Cucurbita pepo, Halloween-Kürbis
Für Suppen, Pies, zum Dekorieren, Schnitzen
Lagerzeit: 2 Monate
Merkmale: prächtige dunkelorange Schale, leicht rund, abgeflachte Form mit langem, elegantem Griff
Fruchtfleisch: orange

'WEE-B-LITTLE'
Cucurbita pepo, Halloween-Kürbis
Zum Dekorieren, schön als Suppenschale
Lagerzeit: 3 bis 5 Monate
Merkmale: kugelrund, klein, hoher Dekorationswert
Fruchtfleisch: orange, dick, gute Qualität
'PUCCINI'
Cucurbita pepo
Zur Mikrowellenzubereitung, für Ofengerichte, Süßspeisen, Eis, zum Füllen, Backen, Dekorieren, zum Rohessen geeignet
Lagerzeit: 4 bis 6 Monate
Merkmale: cremegelb gestreift, bis 300 g schwer, hoher Dekorationswert
Fruchtfleisch: cremefarben, süßlicher, dezent-nussiger Geschmack
Mit den Sorten 'Lil Pumkemoon' und 'Surprise' wurde er auch als Mikrowellenkürbis bekannt.
'CANNON BALL'
Cucurbita pepo, Halloween-Kürbis
Für Suppen, zum Dekorieren, Bemalen, jedoch nicht zum Schnitzen geeignet
Lagerzeit: 3 Monate
Merkmale: kugelrunde Form, extrem hartschalig, glatte Schale, leicht gerippt
Fruchtfleisch: dunkelgelb, dünn
'RACER'
Cucurbita pepo, Halloween-Kürbis
Für Suppen, zum Dekorieren, Schnitzen
Lagerzeit: 3 Monate
Merkmale: sehr beliebt, leicht gerippt
Fruchtfleisch: orange, dick, faserig
'BABY BEAR'
Cucurbita pepo, Halloween-Kürbis
Für Suppen, Pürees, Marmeladen, Dekorationen, zum Schnitzen, schön als Suppenschale
Lagerzeit: 3 Monate
Merkmale: flachrunde, kleine Form, ca. 800 g schwer
Fruchtfleisch: dunkelgelb, gute Speisequalität

'BLUE HEAVEN'

Cucurbita maxima

Für Marmeladen, Pürees, Suppen, Quiches, zum Dämpfen, Braten, Grillen, im Ofen

Lagerzeit: 4 bis 8 Monate

Merkmale: rundlich, oben etwas abgeflacht, glatte, grau-blaue Oberfläche, 6 bis 8 kg schwer

Fruchtfleisch: dunkelgelb bis orange, dick, fest, feinkörnig, süß, sehr karotinhaltig, hervorragende Speisequalität

'SHOKICHI SHIRO GREY'

Cucurbita maxima

Für Suppen, Pürees, zum Füllen, Dämpfen, Braten, Backen, Frittieren, zum Dekorieren, als ganze Frucht gegart, im Ofen

Lagerzeit: 3 bis 6 Monate

Merkmale: grau, Mini-Kürbis, sehr schöne Früchte, 400 bis 600 g schwer

Fruchtfleisch: dunkelgelb, fest, feinkörnig, mehlig, leicht süßes Aroma, gute Speisequalität

'GRAUE BISCHOFSMÜTZE'

Cucurbita maxima, 'Ute Indian'

Für Suppen, Gnocchis, zum Füllen, als ganze Frucht gegart, im Ofen

Lagerzeit: 3 bis 5 Monate

Merkmale: alte Indianersorte, grauschalige Bischofsmütze, optisch ansprechend, halbkugelig mit vorstehendem Mittelteil wie eine Mütze, was zur Namensgebung führte, bis 1,5 kg schwer

Fruchtfleisch: dunkelgelb, mehlig, feinporig, durchschnittliche Speisequalität

'SOMBRA'
Cucurbita maxima
Für Suppen, Pürees, Marmeladen, zum Braten, Backen, Grillen, Dämpfen, Frittieren, im Ofen, zum Dekorieren
Lagerzeit: 5 Monate
Merkmale: klein, grau, leicht gerippt, rund abgeflacht, bis 1,5 kg schwer, Früchte haben eine hervorragende Portionsgröße
Fruchtfleisch: gelb-orange, dick, fest, süßlicher Geschmack mit intensivem Aroma, reich an Karotin, exzellenter Speisekürbis
'JARRAHDALE'
Cucurbita maxima
Für Suppen, Pürees, Gratins, Marmeladen, Kuchen, Brote, zum Füllen, Braten, Grillen, Dämpfen, im Ofen
Lagerzeit: 6 bis 12 Monate
Merkmale: wunderschöne blaugraue Sorte, deutlich doppelt gerippt, abgeflacht, Farbe verändert sich während der Lagerzeit kaum
Fruchtfleisch: gelb-orange, feinkörnig, dick, fest, ausgezeichneter Geschmack, sehr gute Speisequalität
'QUEENSLAND BLUE'
Cucurbita maxima
Für Gratins, Aufläufe, Suppen, als Gemüse, zum Dämpfen, Frittieren, Braten, Grillen, im Ofen
Lagerzeit: 5 bis 10 Monate
Merkmale: blaugrau bis graugrün, glatte, glänzende Oberfläche, tiefe Rillen, erinnert an Gugelhupf-Form
Fruchtfleisch: gelb, dick, fest, feinkörnig, süß mit feinem Geschmack, ausgezeichnete Speisequalität
'BLUE BANANA'
Cucurbita maxima
Für Suppen, Pürees, Gratins, Marmeladen, Chutneys, im Ofen, zum Dämpfen, Frittieren, als Süßsauer-Gemüse
Lagerzeit: 3 bis 9 Monate
Merkmale: bananenförmiges Aussehen, graue Schale, bis 5 kg schwer
Fruchtfleisch: dunkelgelb bis orange, fest, trocken, süß, ausgezeichnete Speisequalität mit feinem Kürbisgeschmack, bei warmer Lagerung steigert sich das Aroma

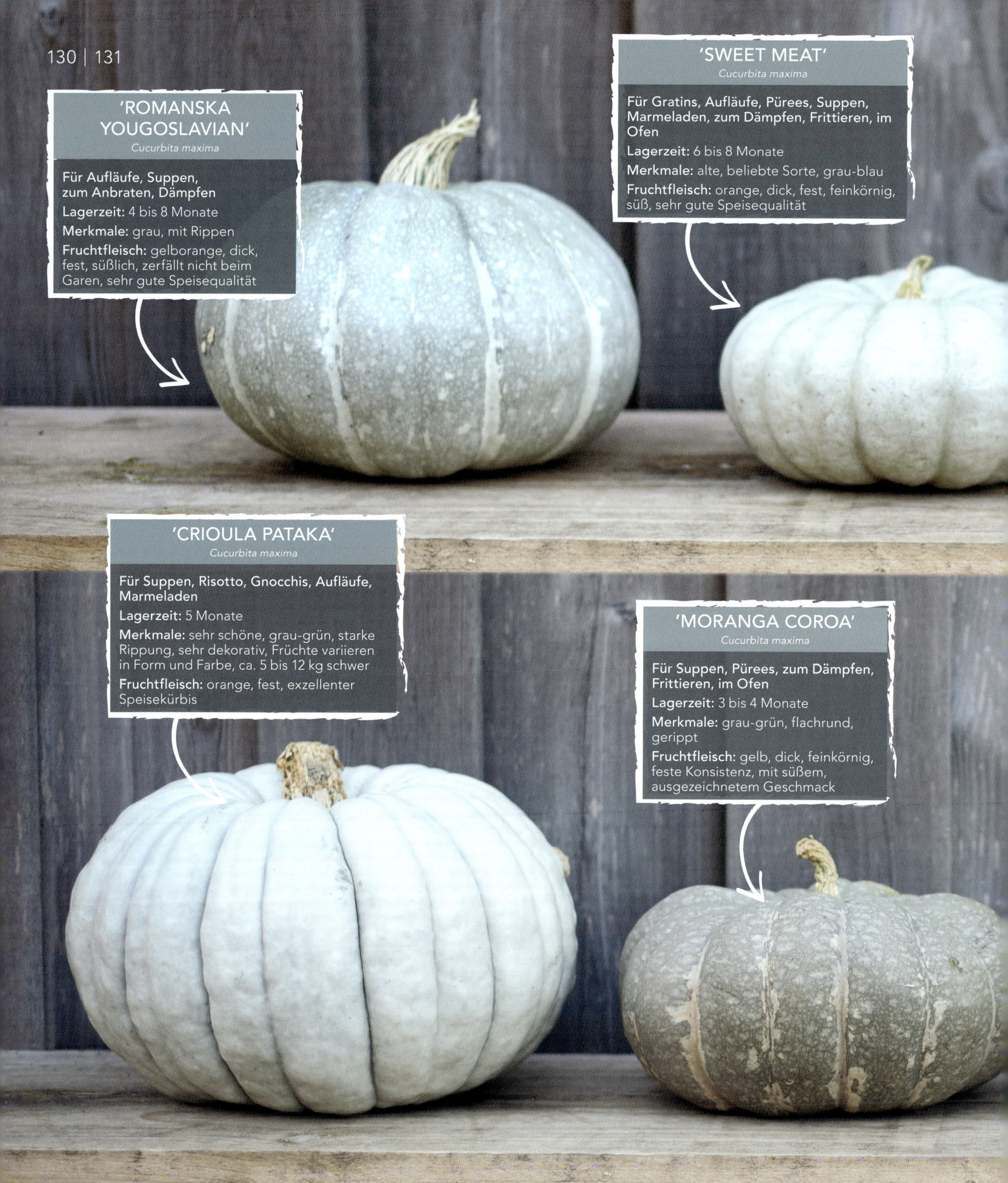
'ROMANSKA YOUGOSLAVIAN'
Cucurbita maxima
Für Aufläufe, Suppen, zum Anbraten, Dämpfen
Lagerzeit: 4 bis 8 Monate
Merkmale: grau, mit Rippen
Fruchtfleisch: gelborange, dick, fest, süßlich, zerfällt nicht beim Garen, sehr gute Speisequalität
'SWEET MEAT'
Cucurbita maxima
Für Gratins, Aufläufe, Pürees, Suppen, Marmeladen, zum Dämpfen, Frittieren, im Ofen
Lagerzeit: 6 bis 8 Monate
Merkmale: alte, beliebte Sorte, grau-blau
Fruchtfleisch: orange, dick, fest, feinkörnig, süß, sehr gute Speisequalität
'CRIOULA PATAKA'
Cucurbita maxima
Für Suppen, Risotto, Gnocchis, Aufläufe, Marmeladen
Lagerzeit: 5 Monate
Merkmale: sehr schöne, grau-grün, starke Rippung, sehr dekorativ, Früchte variieren in Form und Farbe, ca. 5 bis 12 kg schwer
Fruchtfleisch: orange, fest, exzellenter Speisekürbis
'MORANGA COROA'
Cucurbita maxima
Für Suppen, Pürees, zum Dämpfen, Frittieren, im Ofen
Lagerzeit: 3 bis 4 Monate
Merkmale: grau-grün, flachrund, gerippt
Fruchtfleisch: gelb, dick, feinkörnig, feste Konsistenz, mit süßem, ausgezeichnetem Geschmack

'RARITY'
Cucurbita maxima
Für Kuchen, Pürees, Suppen, Garen im Ganzen, zum Braten
Lagerzeit: 4 bis 8 Monate
Merkmale: grau, bis 2 kg schwer
Fruchtfleisch: gelb-orange, fest, feinkörnig, süß, feines Marroni-Aroma
'SILVER BELL'
Cucurbita maxima
Für Pürees, Gratins, Aufläufe, Suppen, als Gemüse, zum Füllen, Braten, Grillen, Dämpfen, im Ofen
Lagerzeit: 4 bis 8 Monate
Merkmale: alte, wiederentdeckte Sorte, graue Schale, Früchte verfärben sich mit zunehmender Reife ins Orange-Pink
Fruchtfleisch: dunkelgelb bis orange, fest, mit feiner, knackig-cremiger Konsistenz, süßer Geschmack, bei längerer und wärmer Lagerung intensiviert sich das Aroma, ausgezeichnete Speisequalität
'STAR'
Cucurbita maxima
Für Rohkost, Salat, Aufläufe, Gratins, Kuchen, Marmeladen, zum Füllen, als Gemüse, Desserts
Lagerzeit: 6 bis 10 Monate
Merkmale: bis 8 kg schwer
Fruchtfleisch: gelb-orange, dick, fest, zerfällt beim Kochen nicht sofort, sehr süß bis fast neutraler Geschmack, einer der besten Speisekürbisse
'SAMPSON'
Cucurbita maxima
Für Aufläufe, Pürees, Gratins, Suppen, Marmeladen, Süßspeisen, zum Dämpfen, Braten, Grillen, Frittieren, im Ofen
Lagerzeit: 4 bis 7 Monate
Merkmale: flachrund, grau-weiß, mit Schultern auf der Stielseite
Fruchtfleisch: dunkelorange, dick, mit zart-süßem Geschmack, ausgezeichnete Speisequalität, reich an Karotin, beliebter Speisekürbis

'VICTORY'

Cucurbita moschata, Butternut-Kürbis

Für Aufläufe, Pies, Suppen, Pürees, Kuchen, Marmeladen, Salate, zum Braten, Grillen, Dämpfen, Füllen, Frittieren, im Ofen, zum Rohessen geeignet

Lagerzeit: 4 Monate

Merkmale: birnenförmig, beige-braune Schale

Fruchtfleisch: dunkelgelb bis orange, süßer, nussiger Geschmack, sehr gute Speisequalität

'BETTERNUT 900'

Cucurbita moschata, Butternut-Kürbis

Für Aufläufe, Pies, Suppen, Pürees, Kuchen, Marmeladen, Salate, zum Braten, Grillen, Dämpfen, Füllen, Frittieren, im Ofen, zum Rohessen geeignet

Lagerzeit: 4 bis 6 Monate

Merkmale: länglich bis birnenförmig, 1,2 bis 1,5 kg schwer, beliebter Allrounder

Fruchtfleisch: gelblich bis orange, fest mit süßlichem, aromatischem, nussigem Geschmack, die dünne Haut lässt sich leicht schälen, sehr kleines Kerngehäuse, deshalb viel Fruchtfleisch, einer der besten Speisekürbisse

'BUTTER BOY'

Cucurbita moschata, Butternut-Kürbis

Für Aufläufe, Pies, Suppen, Pürees, Kuchen, Marmeladen, Salate, zum Braten, Grillen, Dämpfen, Füllen, Frittieren, im Ofen, zum Rohessen geeignet

Lagerzeit: 4 Monate

Merkmale: birnenförmiges Aussehen

Fruchtfleisch: orange, fest, süßlich mit nussigem Aroma

Butternuts

Butternuts zählen mit zu den besten Speisekürbissen und gelten als beliebteste Allrounder. Die Früchte liefern eine erstaunliche Menge besten Fruchtfleisches. Ihre dünne Haut lässt sich leicht schälen und sie haben nur ein kleines Kerngehäuse.

'CASPERITA'

Cucurbita pepo

Zum Dämpfen, Füllen, Frittieren, Backen, Dekorieren, als ganze Frucht gegart, zur Mikrowellenzubereitung

Lagerzeit: 3 bis 6 Monate

Merkmale: eine Sorte im Typ 'Baby Boo', jedoch doppelt so groß, leicht gerippt, von einheitlicher Größe

Fruchtfleisch: hellgelb, leicht mehlig, knackig, süß mit feinem Aroma

'FLAT WHITE BOER'

Cucurbita maxima, 'Flat White Boer Ford'

Für Gratins, Pürees, Aufläufe, Suppen, Marmeladen, Süßspeisen, zum Dämpfen, Frittieren, Braten, im Ofen

Lagerzeit: 4 bis 6 Monate

Merkmale: extrem flacher, weißer Kürbis, 5 bis 8 kg schwer

Fruchtfleisch: dunkelorange, dick, zart mit süßlichem Aroma, reich an Karotin, ausgezeichnete Speisequalität, zerfällt nicht beim Garen

'SONCA'
Cucurbita moschata, Butternut-Kürbis
Für Aufläufe, Pies, Suppen, Pürees, Kuchen, Marmeladen, Salate, zum Braten, Grillen, Dämpfen, Füllen, Frittieren, im Ofen, zum Rohessen geeignet
Lagerzeit: 4 bis 6 Monate
Merkmale: zunächst grün, später leuchtend orange, 1 bis 1,5 kg schwer
Fruchtfleisch: dunkelorange, massiv, fest, hervorragende Speisequalität
'LONGUE DE NICE'
Cucurbita moschata, Butternut-Kürbis
Für Suppen, Marmeladen, Kuchen, Süßspeisen, Pürees, Chutneys, zum Braten, Backen, zum Rohessen geeignet
Lagerzeit: 4 bis 8 Monate
Merkmale: keulenförmig lang gezogene, leicht gebogene Frucht, Oberfläche erst grün, später dunkelorange mit mehliger Patina
Fruchtfleisch: intensiv orange, faserig, leicht süßlich, späte Reife belohnt mit hervorragendem dunkelorangenem Fruchtfleisch
'PIENA DI NAPOLI'
Cucurbita moschata, 'Pleine de Naples'
Für Salate, Suppen, Süßspeisen, Chutneys, Marmeladen, zum Grillen, Braten, Frittieren, im Ofen, zum Rohessen geeignet
Lagerzeit: 3 bis 6 Monate
Merkmale: zylindrisch, grün gefleckt, bis 120 cm lang, 8 bis 15 kg schwer
Fruchtfleisch: dunkelorange, fest, fruchtig, sehr aromatisch, lässt sich leicht schälen, sehr gute Speisequalität
'SNOWBALL'
Cucurbita pepo
Für Dekorationen, zum Schnitzen
Lagerzeit: 3 bis 4 Monate
Merkmale: klein, weiß, behält lange seine Farbe, 1 bis 2 kg schwer
Fruchtfleisch: nicht zum Verzehr geeignet
'WHITE HEAVEN'
Cucurbita maxima
Für Suppen, Aufläufe, Kuchen, Marmeladen, zum Anbraten
Lagerzeit: 4 bis 8 Monate
Merkmale: weiß, flach-rund, bis 7 kg schwer
Fruchtfleisch: gelb-orange, dick, fest, süßlich, hochwertig, reich an Karotin

'BISCHOFSMÜTZE'

Cucurbita maxima

Für Suppen, Gnocchis, zum Füllen, als ganze Frucht gegart

Lagerzeit: 3 bis 4 Monate

Merkmale: halbkugelig mit vorstehendem Mittelteil wie eine bunte Mütze, was zur Namensgebung führte

Fruchtfleisch: mehlig, feinporig mit süßlichem Geschmack, durchschnittliche Speisequalität

'DELICATA'

Cucurbita pepo

Zur Mikrowellenzubereitung, Ofengerichte, Süßspeisen, Eis, Dämpfen, Füllen, Backen, frisch geerntet zum Rohessen geeignet

Lagerzeit: als Speisekürbis 3 Monate, ansonsten bis 8 Monate

Merkmale: creme-gelb mit grünen Streifen, längliche Form, wegen seines süßlichen Aromas, das der Süßkartoffel ähnelt, auch „Sweet Potato" genannt

Fruchtfleisch: cremig gelb, überreif leicht mehlig werdend, aber von ausgezeichneter Speisequalität, sehr süß, dezent nussiges, fruchtiges Aroma

'WHITE FALL'

Cucurbita pepo, Spaghettikürbis

Für Salate, zum Dämpfen, Überbacken, als ganze Frucht gegart, Spaghetti-Ersatz

Lagerzeit: 3 Monate

Merkmale: gelbe Schale

Fruchtfleisch: creme bis hellgelb, mit langen spaghettiartigen Fäden

Spaghettikürbisse

Ihr hellgelbes Fruchtfleisch besteht aus langen, spaghettiähnlichen Fäden, die durch Kochen oder Backen ein nussiges Aroma erhalten. Als ganze Frucht gekocht, kann das fädrige Fruchtfleisch mit einer Gabel herausgelöst und wie Spaghetti zu jeder Pastasoße serviert oder halbiert mit einer Füllung im Ofen gegart werden.

'COURGE DE SIAM'

Cucurbita ficifolia, 'Malabar Gourd', 'Chilicayote', Feigenblattkürbis

Jung für Salate, Gemüse, ansonsten zum Dünsten, Aushöhlen der sehr harten Schale, gerne für Engelshaarkonfitüre verwendet

Lagerzeit: aufgrund der harten Schale bis zu 2 Jahren lagerbar

Merkmale: interessante grün-weiß marmorierte, ovale Sorte, Kerne wie bei der Melone angeordnet

Fruchtfleisch: weiß, faserig, sehr süß

'TROMBOLINO D'ALBENGA'

Cucurbita moschata, Butternut-Kürbis

Für Suppen, Salate, Marmeladen, zum Dämpfen, Braten, Grillen, Frittieren, Backen, zum Rohessen geeignet

Lagerzeit: 3 bis 6 Monate

Merkmale: beige, schlangenförmig bis 150 cm und 3 bis 6 kg schwer, wird in Italien als „lebendiges Gemüse" verwendet, indem von der noch an der Pflanze hängenden Frucht laufend abgeschnitten wird

Fruchtfleisch: gelblich-orange, fest mit süßlichem, fruchtigem, nussartigem Geschmack, sehr gute Speisequalität

'SMALL WONDER'

Cucurbita pepo, Spaghettikürbis

Für Salate, zum Dämpfen, Überbacken, als ganze Frucht gegart, Spaghetti-Ersatz

Lagerzeit: 3 Monate

Merkmale: sehr beliebter Sommerkürbis, rundlich, bis 3 kg schwer, gute Portionsgröße

Fruchtfleisch: hellgelb, spaghettiartige Fäden, feines Aroma, geschmackvollster Spaghettikürbis

'STRIPETTI'

Cucurbita pepo, Spaghettikürbis

Für Salate, zum Dämpfen, Überbacken, als ganze Frucht gegart, Spaghetti-Ersatz

Lagerzeit: 3 bis 6 Monate

Merkmale: beliebter Sommerkürbis, gelb-grün gestreift, bis 3 kg schwer, mit gelber Schale

Fruchtfleisch: hellgelb, mit langen spaghettiartigen Fäden, nussähnliches Aroma, geschmackvoller Spaghettikürbis

Acorns

Das Fruchtfleisch aller Sorten ist cremefarben bis gelblich, trocken, fest und süß mit einem feinen, dezenten Haselnuss-Aroma. Lassen sich sehr gut füllen und frittieren oder nur mit Butter backen.

'MASHED POTATO'

Cucurbita pepo, Acorn-Kürbis

Für Rohkostsalate, Marmeladen, Dips, zum Garen, Braten, zum Füllen, für Ofengerichte, ideal für Püree, hoher Dekorationswert

Lagerzeit: 3 bis 6 Monate

Merkmale: längliche Frucht, schneeweiß, eichelförmige, leicht gerippte Acorn-Frucht, 600 bis 900 g schwer

Fruchtfleisch: cremeweiß bis gelblich, trocken, fest und süß mit feinem, dezenten Haselnussaroma

'IVORY'

Acorn-Kürbis

Zur Mikrowellenzubereitung, Ofengerichte, Salate, Süßspeisen, zum Backen, Braten, Füllen, Dämpfen, Frittieren, Dekorieren, frisch zum Rohessen geeignet

Lagerzeit: 3 bis 6 Monate

Merkmale: cremeweiß, hoher Dekorationswert

Fruchtfleisch: cremefarbig bis gelblich, trocken, fest, leicht faserig, süß mit feinem, dezentem Haselnuss-Aroma

'TABLE ACE'

Cucurbita pepo, Acorn-Kürbis

Für Süßspeisen, zum Dämpfen, Braten, Frittieren, halbiert gefüllt im Ofen garen, zum Rohessen geeignet

Lagerzeit: 3 bis 6 Monate

Merkmale: dunkelgrün, Eichelform

Fruchtfleisch: creme-gelb, trocken, fest, süß, dezentes Nussaroma

'BAKED POTATO'

Cucurbita pepo, Acorn-Kürbis

Für Pürees, zum Füllen, für Ofengerichte, als Beilage oder Hauptgericht, hat hohen Dekorationswert

Lagerzeit: 3 bis 6 Monate

Merkmale: längliche Frucht mit creme-brauner Schale, entkernt im Ofen gegart, erinnert an Süßkartoffeln

Fruchtfleisch: cremefarbig bis gelblich, trocken, fest und süß mit feinem, dezentem Haselnussaroma

'HEART OF GOLD'

Cucurbita pepo, Acorn-Kürbis

Für Salate, Dips, Süßspeisen, zum Dämpfen, Braten, Grillen, im Ofen, zum Füllen, frisch zum Rohessen geeignet

Lagerzeit: 3 bis 6 Monate

Merkmale: grün-beige gesprenkelt, leicht gerippt

Fruchtfleisch: cremefarben bis gelblich, dick, trocken, leicht faserig, süß mit feinem, dezentem Haselnuss-Aroma

'CREAM OF THE CROP'

Cucurbita pepo, Acorn-Kürbis

Für Salate, Dips, Ofengerichte, Süßspeisen, zum Dämpfen, Backen, Grillen, Braten, Füllen, zum Rohessen geeignet

Lagerzeit: 3 bis 6 Monate

Merkmale: eichelförmig, glatte, weiße bis cremefarbene Schale, bis 1 kg schwer

Fruchtfleisch: cremefarben bis gelblich, trocken, fest, leicht faserig, mit feinem, süßlichem Haselnuss-Aroma, einer der schmackhaftesten Kürbisse überhaupt

'SWEET DUMPLING'
Cucurbita pepo, 'Patidou'
Für Gratins, Aufläufe, Backwaren, Süßspeisen, Desserts, zum Füllen, Dämpfen, zum Rohessen geeignet
Lagerzeit: 3 bis 5 Monate
Merkmale: kleiner, sehr schöner Kürbis, grün-beige gestreift, hoher Dekorationswert
Fruchtfleisch: leicht orange, knackig, süßes, feines Marroni-Aroma
'DELICA'
Cucurbita maxima
Für Pürees, Gratins, Aufläufe, Brote, Kuchen, Suppen, zum Braten, Backen, Schale kann mit verarbeitet werden, macht die Suppe grünlich
Lagerzeit: 4 bis 8 Monate
Merkmale: auch als „Grüner Hokkaido" bezeichnet, glatte Schale, dunkelgrün marmoriert mit hellen Flecken und hellgrüngrauen Furchen
Fruchtfleisch: dunkelgelb, dick, fest, feinkörnig, süß, nussig, mit feinem Marroni-Aroma, hervorragende Speisequalität
'FAIRYTALE'
Cucurbita moschata
Für Salate, Suppen, zum Braten, Grillen, Frittieren, Dämpfen, im Ofen, schön als Suppenschale, im Ganzen gefüllt, zum Rohessen geeignet
Lagerzeit: 4 bis 8 Monate
Merkmale: klein, grün geerntet reift die Frucht bei warmer Lagerung nach, verändert ihr Aussehen und verbessert den Geschmack
Fruchtfleisch: fest, leuchtend orange mit süß-fruchtigem Aroma, leicht nach Muskat schmeckend, auserlesene Speisequalität
'FUTSU BLACK RINDED'
Cucurbita moschata
Für Suppen, Gratins, Kuchen, Desserts, Marmeladen, als Gemüse, zum Garen, im Ofen, Schale kann mit verarbeitet werden
Lagerzeit: 4 bis 8 Monate
Merkmale: sehr dekorativ gerippt, mit mehliger Patina, verfärbt sich bei längerer Lagerung sandbraun
Fruchtfleisch: mittelfest, feinkörnig, orange bis braun mit süßlichem, fruchtigem, leicht muskatähnlichem Geschmack

'BON BON'

Cucurbita maxima, 'Bonbon', 'Buttercup'

Für Pürees, Gnocchis, Brote, Kuchen, Dips, zum Füllen, im Ofen garen, Schale kann mit verarbeitet werden

Lagerzeit: 3 bis 4 Monate

Merkmale: mit ausgeprägtem Mittelteil, mit hellen Streifen auf dunkelgrüner Schale

Fruchtfleisch: dunkelgelb, dick, sehr süß, buttriges Fruchtfleisch, feines Marroni-Aroma, hervorragende Speisequalität

'ROLET'

Cucurbita pepo

Zum Füllen, Kochen, Garen im Ganzen bzw. Deckel aufschneiden und auslöffeln, Dämpfen, Überbacken, als Mikrowellenzubereitung

Lagerzeit: 3 bis 4 Monate

Merkmale: kugelrund bis 10 cm Durchmesser, ca. 200 g schwer, in Südafrika eine der beliebtesten Früchte als Kartoffelersatz

Fruchtfleisch: gelblich, dezent-nussiges Aroma

'TETSUKABUTO'

Cucurbita maxima x moschata, 'Iron Cup'

Für Currys, Dips, Suppen, Pürees, Marmeladen, zum Backen, Braten, Grillen, Füllen, Dekorieren, Schale kann mit verarbeitet werden, macht die Suppe grünlich

Lagerzeit: 5 bis 12 Monate

Merkmale: wohl der vollkommenste Kürbis mit dunkelgrüner Schale, hervorragende Eigenschaften

Fruchtfleisch: gelb-orange, dick, fest, süßliches, leicht fruchtiges Maronen-Aroma

'MUSCADE DE PROVENCE'

Cucurbita moschata, 'Musquée de Provence', 'Muskat', Muskatkürbis

Für Salate, Dips, Chutneys, Marmeladen, zum Dämpfen, Braten, Grillen, Frittieren, im Ofen, schön als Suppenschale, zum Rohessen geeignet

Lagerzeit: 4 bis 8 Monate

Merkmale: regelmäßig geformte Rippen, dunkelgrün, später zur Bronzefarbe wechselnd, oft in Spalten geschnitten verkauft

Fruchtfleisch: fest, leuchtend orange, mit süß-fruchtig-aromatischem Geschmack, ähnlich der Melone, bei längerer und warmer Lagerung verbessert sich das Aroma, einer der besten Speisekürbisse

'MISS SOPHIE PINK'
Cucurbita maxima
Zum Füllen und Garen im Ofen, als Spalten und als Gemüse, ideal auch für Verarbeitung in der Mikrowelle
Lagerzeit: 4 bis 6 Monate
Merkmale: flachrunde Fruchtform in handlicher Größe, pink bis lachsfarben, 400 bis 600 g schwer
Fruchtfleisch: hellgelb, gute Speisequalität, leicht nussiger Geschmack
'KAMO KAMO'
Cucurbita pepo
Für Suppen, zum Backen, Füllen, Braten, als ganze Frucht gegart, zum Dekorieren
Lagerzeit: 3 bis 5 Monate
Merkmale: gerippt, gelb-grün, gesprenkelt
Fruchtfleisch: hellgelb bis intensiv gelb, dick, zart, mit Marroni-Aroma
'ROUGE VIF D'ETAMPES'
Cucurbita maxima, 'Roter Zentner'
Für Suppen, Pürees, süß-saure Gerichte, zum Dämpfen, im Ofen
Lagerzeit: 3 bis 4 Monate
Merkmale: altbewährt und populär, schöne Rotfärbung, flach-rund, bis 12 kg schwer
Fruchtfleisch: gelb-orange, faserig, fest mit mittlerer Speisequalität
'GELBER ZENTNER'
Cucurbita maxima
Für süß-saure Gerichte, Suppen, Chutneys, zum Dämpfen
Lagerzeit: 3 bis 4 Monate
Merkmale: typische Sorte aus Omas Garten, bekannteste Sorte in Deutschland, etwas raue Schale, bis 20 kg schwer
Fruchtfleisch: gelb-orange, fest, etwas faserig, mit leicht süßlichem, neutralem Kürbisgeschmack

'MONGOGO DU GUATEMALA'

Cucurbita pepo

Für Suppen, zum Braten, Backen, Dekorieren, schön als Suppenschale

Lagerzeit: 4 bis 7 Monate

Merkmale: alte Zucchini-Sorte aus Guatemala, schön gleichmäßig in Größe und Form, mit starken Wülsten, sehr stabile Fruchtschale, verfärbt sich später dunkelorange

Fruchtfleisch: intensiv gelb, dünn, zart mit Marroni-Aroma

'MELONETTE JASPEE DE VENDEE'

Cucurbita pepo

Für Marmeladen, Süßspeisen, Suppen, Pürees, zum Dämpfen

Lagerzeit: 2 bis 4 Monate

Merkmale: wunderschön kugelrund, cremefarben, erinnert mit den feinen, regelmäßigen Rissen an Netzmelonen, bis 2 kg schwer

Fruchtfleisch: orange, mitteldick, sehr süß, feiner Geschmack, hervorragende Speisequalität

'AUTUMN CROWN'

Cucurbita moschata

Für Kuchen, Süßspeisen, Pürees, Suppen, Salate, zum Dämpfen, Braten, Frittieren

Lagerzeit: 3 bis 6 Monate

Merkmale: flachrund, beigebraun, weißliche Patina, in handlicher Größe, 1,5 bis 2 kg schwer

Fruchtfleisch: orange, fest, leicht süßliches, nussiges Aroma

'SUCRINE DU BERRY'

Cucurbita moschata, Butternut-Kürbis

Für Suppen, Kompott, Süßspeisen, Chutneys, Marmeladen, zum Backen, Braten, zum Rohessen geeignet

Lagerzeit: 4 bis 7 Monate

Merkmale: grün geerntet gut nachreifend, kegelförmig, grün-orange Schale

Fruchtfleisch: dunkelgelb bis tieforange, fest, saftig, süßlich, exzellente Speisequalität, ähnlich der Melone

Danke!

Mein Dank gilt allen Mitwirkenden, die mit ihren kreativen Rezepten zum Gelingen dieses Buches beigetragen haben.

DIE KÖCHE UND KÖCHINNEN

Andrea Bannuscher (links) von „kologne-kitchen" und **Lena Ueberberg** beglücken als Caterer und Influencer Menschen mit gesunden und köstlichen Foodrezepten *(kolognekitchen.com).*

Jörg Blankenstein, Outdoor-Koch und Spaßvogel von „Rucksack-Reisen" aus Münster *(blankenstein.catering.de).*

Benjamin Brasse, Bäckermeister und Inhaber von „Kathi´s Cafe" in Bergkamen *(kathis-cafe.de).*

Karl-Heinz Dinkhoff, Küchenchef vom Katharinenhof, Unna, ist immer gut für köstliche Überraschungen *(riepe.com).*

Emily Gorden (rechts), Konditormeisterin, und Konditorin **Lena Hamann** (links), die Süße-Sünde Kreateurinnen von „Emily's Chocolaterie & Kucherei" in Unna *(emilys-kucherei.de).*

Die Landfrauen **„4 Ma(h)l"** mit Annette Wortmann, Sigrid Buschmann, Margret Bienert und Bärbel Brandhoff (v.l.n.r.) *(westick-buschmann@web.de).*

Kornelia (links) und **Sebastian Müller** (rechts) von „Connie's Diner" in Kamen, wo die Genusswelt dem Land der Kürbisse entspricht *(connies-diner.de).*

Ulli Neumann, Garant fürs liebgewonnene Westfälisch-Ländliche, Küchenchef und Inhaber vom Landgasthaus „Schulze Beckinghausen" in Kamen-Westick *(schulze-beckinghausen.de).*

Günther Overkamp, Feine-Küche-Spezialist und Teil der Dortmunder Gastro-Familie. *(overkamp-dortmund.de).*

Die **Thermomix®-Profis** Ellen Lampen (links) und Katharina Lenkenhoff (rechts) aus dem Team „Tautz" zaubern Köstliches per Knopfdruck *(kochstudio-tautz.de).*

Katja Vogt, leidenschaftliche Genießerin, Unternehmerin und Gründerin vom „Refugio" in Unna *(refugio-unna.de).*

DIE FOTOGRAFINNEN

Lisa Mergelmeyer, das Gesicht von „Löwenherzfotografie", entdeckte mit den Kürbisgesichtern vor der Kamera ganz neue Genussmomente.

Lina Mehlhorn Fotografin aus Leidenschaft und mit früher Berufung. Für so manchen Schuss scheute sie keine Mühen und Akrobatik, um alles perfekt in Szene zu setzen.

Kerstin von Broich Schönes durch die Linse festzuhalten, ist ihre Leidenschaft. Der Kürbis war für die Autodidaktin die Initialzündung, ihr Hobby zu professionalisieren.

DAS BLOOM's TEAM

Büchermachen gehört für die Redakteurin **Hella Henckel** zu ihrem Lieblingsmetier. Dabei wuchs die Begeisterung für die Riesenbeere mit all ihren Rezepturen und es entstand eine neue Freundschaft *(blooms.de)*.

Grafikdesignerin **Marion Haarmann** vereint Kompetenz mit Lebens- und Genussfreude in immer wieder neuen kreativen Designs *(blooms.de)*.

IMPRESSUM

Herausgeber
BLOOM's GmbH, Ratingen, blooms.de

Idee, Konzeption, Styling
Ute Ligges, hof-ligges.de

Redaktion, Text
Hella Henckel (vwtl.)

Fotos
Lina Mehlhorn, Lisa Mergelmeyer, Kerstin von Broich

Illustrationen
Freepik

Grafikdesign
Marion Haarmann

DTP
Gordian Jenal

Druck
Print Best

Halskestr. 46, 40880 Ratingen,
T 02102 9644-0, F 02102 896073,
info@blooms.de, blooms.de
1. Auflage 2024, ISBN: 978-3-96563-133-5